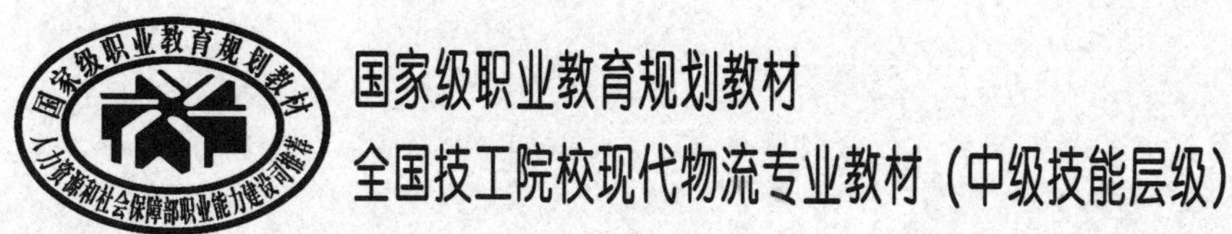

采购基础知识与技巧

（第三版）

人力资源社会保障部教材办公室组织编写

屠　旻　主编

中国劳动社会保障出版社

简　介

本书根据技工院校现代物流专业的教学实际，介绍了采购业务的基础知识和技巧，主要内容包括采购概述、采购计划、供应商管理、采购谈判、采购合同、采购管理、现代科学采购方式。本书侧重于学生采购技能的培养，较为详细地介绍了采购计划、供应商管理、采购控制等具体采购业务的制度和方法，以及采购谈判、签订合同等方面的技巧。

本书由屠旻主编。

图书在版编目（CIP）数据

采购基础知识与技巧/屠旻主编. --3版. --北京：中国劳动社会保障出版社，2019

全国技工院校现代物流专业教材．中级技能层级

ISBN 978-7-5167-4025-5

Ⅰ.①采…　Ⅱ.①屠…　Ⅲ.①采购-中等专业学校-教材　Ⅳ.①F274

中国版本图书馆CIP数据核字（2019）第106842号

中国劳动社会保障出版社出版发行

（北京市惠新东街1号　邮政编码：100029）

*

北京鑫海金澳胶印有限公司印刷装订　　新华书店经销

787毫米×1092毫米　16开本　8.75印张　164千字

2019年6月第3版　　2024年12月第5次印刷

定价：17.00元

营销中心电话：400-606-6496

出版社网址：http://www.class.com.cn

http://jg.class.com.cn

前　言

全国中等职业技术学校物流专业教材出版于2006年，并于2013年进行了首次修订和补充。近年来，随着经济的发展和技术的更新，物流行业已经进入新的发展阶段，物流企业对从业人员的知识水平和职业能力提出了更高的要求。为了适应这些变化，培养更加符合物流企业需求的中级技能人才，我们组织了一批教学经验丰富、实践能力强的一线教师和行业、企业专家，在充分调研的基础上，对现有教材进行了新一轮修订和补充。

本次修订和补充的教材包括《现代物流基础（第二版）》《物流设施设备（第三版）》《物流成本管理基础（第三版）》《商品检验与包装（第三版）》《采购基础知识与技巧（第三版）》《物流运输基础与实务（第三版）》《仓储基础知识与技能（第三版）》《配送基础知识与实务（第二版）》《物流信息技术（第二版）》《物流客户服务》《货物养护作业实务》和《叉车作业实务》。

本次教材修订和补充工作的重点主要体现在以下几个方面：

第一，突出教材的实用性。本着"学以致用"的原则，新版教材的结构和内容根据物流企业的工作实际进行了调整和更新，对操作性较强的课程，教材在编写中采用任务驱动或理实一体化的模式，突出对学生实际操作能力的培养。

第二，突出教材的先进性。新版教材根据物流行业的现状和发展趋势，尽可能多地体现新知识、新技术、新方法、新设备，以期缩短学校教育与企业岗位需求的距离，同时，严格执行国家最新技术标准。

第三，突出教材的易用性。新版教材充分考虑学生的认知规律，注重利用图表、实物照片和案例辅助讲解知识点和技能点，部分教材还配有操作视频，学生扫描相应二维码即可观看，为学生营造生动、直观的学习环境，激发学生的学习兴趣。同时，新版教材还配有电子课件，便于教师开展教学工作，提高教学效率。

本套教材的编写得到了有关省市教育部门、人力资源社会保障部门和一批职业院校的大力支持，教材编审人员做了大量的工作，在此，我们表示诚挚的谢意！同时，恳切希望广大读者对教材提出宝贵的意见和建议。

人力资源社会保障部教材办公室

目 录

第一章　采购概述

第一节　采购与采购管理

采购是社会生产和人们生活中最为广泛、最为普遍的经济活动之一。随着经济的发展和社会分工的进一步细化，采购活动的规模和范围将不断扩大，对整个市场经济的发展也将起到更加重要的作用。

一、采购的概念

采购和购买是两个不同的概念。购买是以货币换取物品的经济活动。采购是企业物资供应部门按已确定的物资供应计划，通过市场采选、加工定制等各种渠道，取得企业生产经营所需要的各种物资的经济活动。不应将采购简单地看成购买，也不应把购买简单地看成是采购。

采购包含着两个基本意思，一是“采”，二是“购”。“采”是采集、采选之意，是从众多的对象中选择若干个目标。“购”是购买之意，是通过商品交易手段把所选定的对象从对方手中转移到自己手中。

所以，采购一般是指从多个对象中选择购买自己所需要的物品。这里所谓的“对象”，既可以是市场、厂家、商店，也可以是物品。例如，说“我到南方去采购一批药材”，一般是指“我要到南方各地各个药店去选购一批药材”的意思。

从学术的角度看，采购比购买的含义更广泛、更复杂。它一般包含以下基本含义：

1. 采购是从资源市场获取资源的过程

采购能解决组织或个人在生产或生活中需要但是自身又缺乏的资源问题。这些资源既包括生活资料，也包括生产资料；既包括物质资源（如原材料、设备、工具等），

也包括非物质资源（如信息、软件、技术等）。能够提供这些资源的供应商形成了一个资源市场。从资源市场获取这些资源，都是通过采购的方式。也就是说，采购的基本功能就是帮助人们从资源市场获取所需要的各种资源。

2. 采购既是商流过程也是物流过程

采购的基本作用是将资源从资源市场的供应者手中转移到用户手中。在这个过程中，一是要实现将资源的所有权从供应者手中转移到用户手中，二是要实现将资源的物质实体从供应者手中转移到用户手中。前者是一个商流过程，主要通过商品交易、等价交换来实现商品所有权的转移；后者是一个物流过程，主要通过运输、储存、包装、装卸、流通加工等手段来实现商品空间位置的转移，使商品实实在在地到达用户手中。采购过程实际上是这两个方面的完整结合，缺一不可。只有这两个方面都完全实现，采购过程才算完成。因此，采购过程是商流过程与物流过程的统一。

3. 采购是一种经济活动

采购是企业经济活动的重要组成部分。一方面，用户通过采购获取资源，保证了企业正常生产的顺利进行，这是采购的效益；另一方面，在采购过程中也会产生各种费用，这是采购的成本。要追求采购经济效益的最大化，就要不断降低采购成本，以最少的成本去获取最大的效益。而要做到这一点的关键，就是要努力追求科学采购。科学采购是实现企业经济利益最大化的必由之路。

二、采购的目的和作用

1. 采购的目的

（1）保证企业供应，维持正常生产

采购是生产的前提条件，生产所需要的原材料、设备和工具都要通过采购来获取。没有采购就不可能进行生产。

（2）提高产品质量

企业通过不断改进采购过程和加强对供应商的管理，可以提高采购的原材料的质量，进而保证生产出合格和高质量的产品。

（3）控制成本

采购成本是企业成本的重要组成部分。采购过程中必须控制采购成本。采购成本包括直接采购成本和间接采购成本。直接采购成本是指原材料、零部件等的采购费用，可以通过优化供应商、实施本地化采购、与供应商共同改进采购项目等途径来降低。

间接采购成本是指与采购相关的成本，可以通过缩短供应周期、增加送货频次、减少原材料库存、实施来料免检、循环使用包装等方法来降低。

（4）与供应商建立合作关系

充分利用供应商的专业优势是企业采购的重要任务。企业可以通过采购，让供应商积极参与产品开发等工作，从而将供应商纳入企业自身的经营体系中。

（5）建立供应配套体系

建立可靠、优质的供应配套体系是企业采购的任务之一。企业一方面要减少供应商的数量，使采购活动尽量集中，以降低采购成本；另一方面又要避免依赖独家供应商。

（6）树立企业良好形象

企业需要通过采购工作树立和维护本企业的良好形象。采购是企业与市场联系的窗口，同销售工作一样，采购在很大程度上代表着企业的形象。采购部门必须以公正良好的态度发展企业同供应商的关系，树立企业的良好形象。

2. 采购的作用

（1）采购在成本控制中的作用

在企业的成本构成中，采购的原材料及零部件成本占企业总成本的比重随行业的不同而不同。一般对生产制造型企业而言，采购成本是企业成本控制的主体和核心部分，采购成本控制是企业成本控制中最重要的部分。

（2）采购在供应中的作用

在商品生产和交换的供应链中，每一个企业都既是顾客又是供应商。顾客的需求日益多样化，对企业生产经营水平和服务水平的要求越来越高，这必然带来企业库存的增加，进而使企业的费用也相应增加。在激烈的市场竞争中，企业只有将采购及供应商的活动看作是自身供应链的一个有机组成部分，才能保证供应，降低库存，减少费用，提高采购效率。

在供应链管理过程中，“即时生产”是缩短生产周期、降低成本和库存，同时又能以最快速度交货，满足顾客需求的做法，而供应商的“即时供应”则是开展“即时生产”的主要条件。从供应的角度来说，采购是供应链管理中“上游控制”的主导力量。

（3）采购在企业经营中的作用

通过采购，企业能够在不用直接进行投资的前提下，充分利用供应商的能力为自己开发生产产品。这样企业一方面可以节省资金，降低投资风险；另一方面又可以利用供应商的专业技术优势以最快的速度形成生产能力，扩大产品生产规模。

（4）采购在质量管理中的作用

能不能生产出合格的产品，很大程度上取决于采购所提供的原材料、设备和工具的质量好坏。没有高质量的采购，就没有高质量的产品。

三、采购的类型

1. 按采购主体分类

按采购主体不同，采购可以分为个人采购和集团采购，见表1—1。

表1—1　按采购主体分类的采购类型

类型	说明
个人采购	个人采购是指个人生活用品的采购，一般是单一品种、单次、单一决策、随机发生的，带有很大的主观性和随意性，即使采购失误，也只影响个人，造成的损失不会太大
集团采购	集团采购是指政府和企事业单位等组织对生产资料和办公用品的采购，一般是多品种、大批量、大金额、多批次或持续进行的，往往由集体决策。集团采购一旦发生失误，损失将较大 集团采购又可以分为企业采购、政府采购、事业单位采购、军队采购等。其中，企业采购是国民经济的重要组成部分，与大众关系较为紧密

2. 按采购方法分类

按采购方法不同，采购可以分为传统采购和科学采购两大类。科学采购又包括订货点采购、MRP采购、准时化采购、供应链采购和电子商务采购等。

（1）传统采购

传统采购一般是企业各个部门在每个月的月末报下个月的采购申请单，列明下个月需要采购的物资品种和数量，然后采购部门把这些信息汇总，制订出统一的采购计划，并于下个月实施采购。采购回来的物资存放于企业的仓库中，满足下个月各个部门的物资需求。这种采购以各个部门的采购申请单为依据，以补充库存为目的，管理比较简单、粗放，市场反应不灵敏，库存量大，资金积压多，库存风险大。

（2）科学采购

科学采购的常见类型见表1—2。

表1—2　科学采购的常见类型

类型	说明
订货点采购	订货点采购是根据需求的变化和订货提前期的长短，精确确定订货点、订货批量、订货周期、最高库存水准等，建立起连续的订货启动、操作机制和库存控制机制，达到既满足需求又使得库存总成本最小的目的。这种采购模式以需求分析为依据，以补充库存为目的，采用一些科学方法，兼顾满足需求和控制库存成本，原理比较科学，操作比较简单。但是由于市场的随机因素较多，该方法同样具有库存量大、市场反应不灵敏的缺陷

续表

类型	说明
MRP采购	MRP采购主要应用于生产型企业，它是企业根据主生产计划和主产品的结构及库存情况逐步推导出生产主产品所需要的零部件、原材料等的生产计划和采购计划的过程。这个采购计划规定了采购的品种、数量、采购时间，比较精细、严格。它也是以需求分析为依据，以满足库存为目的。它的市场反应灵敏度及库存管理水平都要比传统采购方法有所进步
准时化采购	准时化采购是一种完全以满足需求为目的的采购方法。它对采购的要求就是要供应商恰好在用户需要的时候，将合适的品种以合适的数量送到用户要求的地点。它以需求为依据改造采购过程和采购方式，使它们完全适合于需求的品种、时间和数量，做到既能对需求变化作出灵敏反应，又使得库存向零库存趋近。这是一种比较科学和理想的采购模式
供应链采购	准确地说，供应链采购是一种供应链机制下的采购模式。在供应链机制下，采购不再由采购者操作，而是由供应商操作。采购者只需要把自己的需求规律或库存信息向供应商连续及时传递，供应商会根据产品的消耗情况及时连续小批量补充库存，既保证满足采购者需要，又使总库存量最小。供应链采购对信息系统、供应商操作要求都比较高。它也是一种科学、理想的采购模式
电子商务采购	电子商务采购即网上采购，是在电子商务环境下的采购模式。它的基本特点是在网上寻找供应商、寻找品种、洽谈贸易、订货以及在网上支付货款，但是在网下送货、进货。这种模式的好处是扩大了采购市场的范围，缩短了供需距离，简化了采购手续，减少了采购时间和采购成本，提高了工作效率。它是一种很有前途的采购模式，但是对电子商务发展水平和物流配送水平有较高的要求

四、采购的方式

采购的方式是多种多样的，因采购的货物、采购的组织结构、采购的政策、采购的数量以及采购成本、价格的不同而不同。最常见的采购方式有以下几种：

1. 公开招标采购

公开招标采购是由专门的招标机构或其委托的代理机构（统称招标人）以招标公告的方式邀请不特定的法人或者其他组织投标来完成的。

招标人采用公开招标方式时，应当发布招标公告。招标公告应当载明招标人的名称和地址，招标项目的性质、数量、实施地点和时间，以及获取招标文件的办法等事项。

公开招标采购是项目采购的主要方式，招标人不得将应当以公开招标方式采购的工程、货物或服务化整为零，或以其他任何方式规避公开招标采购。

2. 邀请招标采购

邀请招标采购是指招标人以投标邀请书的方式邀请特定的法人或者其他组织参加投标的采购方式。通常情况下，邀请招标采购需要具备一定的条件。例如，《中华人民共和国政府采购法》（以下简称《政府采购法》）规定，符合下列情形之一的货物或者服务，可以在政府采购中采用邀请招标方式进行采购：

（1）具有特殊性，只能从有限范围的供应商处采购的。

（2）采用公开招标方式的费用占政府采购项目总价值的比例过大的。

3. 竞争性谈判采购

竞争性谈判采购是指采购机构直接邀请规定人数以上的供应商就采购事宜进行谈判的采购方式。例如，《政府采购法》规定，符合下列情形之一的货物或服务，可以在政府采购中采用竞争性谈判方式进行采购：

（1）招标后没有供应商投标或者没有合格标的或者重新招标未能成立的。

（2）技术复杂或者性质特殊，不能确定详细规格或者具体要求的。

（3）采用招标所需时间不能满足用户紧急需要的。

（4）不能事先计算出价格总额的。

4. 单一来源采购

单一来源采购是指采购机构向供应商直接购买的采购方式。例如，《政府采购法》规定，符合下列情形之一的货物或服务，可以在政府采购中采用单一来源方式进行采购：

（1）只能从唯一供应商处采购的。

（2）发生了不可预见的紧急情况不能从其他供应商处采购的。

（3）必须保证原有采购项目一致性或者服务配套的要求，需要继续从原供应商处添购，且添购资金总额不超过原合同采购金额百分之十的。

5. 询价采购

询价采购是指对特定数量（如《政府采购法》规定 3 家以上）的供应商提供的报价进行比较，以确保价格具有竞争性的采购方式。例如，《政府采购法》规定，采购的货物规格、标准统一、现货货源充足且价格变化幅度小的政府采购项目，可以依照该法采用询价方式采购。

五、采购管理

采购管理是对企业采购环节员工行为与物资流动的控制，其目的是保证生产原料的质量、数量和时效，降低采购成本。采购管理对企业的经营至关重要。

1. 采购管理的要求

对生产型企业而言，采购的目的是为生产服务。采购回来的商品要能够加工或装配成自己的合格产品。因此，生产型企业对供应商、所订货物和交货期的要求都很严格。

首先，生产型企业要求所订货物的质量符合要求，而且要长期稳定。这样，才可以保证企业能够用供应商提供的产品生产出合格的产品。为确定能不能采购某个产品，企业需要供应商先提供样品（称作“素样”）试用。试用合格后，还要检验一段时间，在这段时间内，企业要反复进行质量检验。只有质量合格且稳定，才有可能确定选用该产品。

其次，生产型企业通常对交货期有严格的要求，要求准时送货。因为生产型企业是连续生产，生产过程中不允许缺货，缺货就会影响生产。企业也不允许超量进货，因为这会增加库存，增加费用。所以生产型企业多要求供应商适时适量供货，也就是准时供货。这对生产型企业特别重要，也是对采购的必然要求。

鉴于以上两点，生产型企业必然对供应商有严格的要求，要求它们有足够的生产能力，有产品质量保证体系，能准时送货，另外还要具有一定的管理水平和技术水平。只有满足这些条件，企业采购的目的和要求才能得以实现，企业才能与供应商建立起长期稳定的供需关系。所以，生产型企业的采购程序每一步都很谨慎、严格，采购难度大、周期长。

与生产型企业相比，流通型企业的采购程序就简单得多，采购周期也短得多。流通型企业的特点决定了其采购的目的是为销售服务，采购的商品是为了直接出售。流通型企业对于所采购的商品一般没有特别严格的要求，只要符合某个品种某种规格的质量要求即可，对于商品质量的检验与考核，以及运输进货、交货期的要求也不像生产型企业那么苛刻。

2. 采购管理的目标

【案例阅读】

作为成功融入国际市场的企业典范，海尔集团在采购管理方面的特点是利用全球化网络集中购买，以规模优势降低成本，同时精简供应商队伍。

海尔集团对供应商管理采用的是SBD模式，即共同发展供应业务。海尔集团将很多产品的设计方案直接交给供应商去做，很多零部件是由供应商提供两个月内的市场产品预测，并将待开发产品形成图纸。这样一来，供应商就真正成为海尔的设计部和工厂，加快了海尔集团的产品开发速度。海尔集团与供应商的关系就从供需双方的简单买卖关系成功转型为战略合作伙伴关系，这是一种共同发展的双赢管理理念。

在这一管理理念下，海尔集团每年的业务量都不断增长，但采购费用却逐年降低。

从海尔集团的采购模式中可以看出，采购在满足整个企业供应需求的过程中有三个基本目标：

（1）适时适量

采购不是购进的物资越多越好，也不是购进得越早越好。物资购进过少和过迟容易发生缺货，影响生产；而物资购进过多和过早，不但会占用较多的资金，而且还会增加仓储和保管费用，造成浪费，使成本升高。因此，要求采购适时适量，就是要求采购做到既保证供应，又使成本最小化。

（2）保证质量

保证质量就是要保证采购的物资能够达到企业所需的质量标准。保证质量也要做到适度：质量太低，达不到企业的要求；质量太高，将导致采购品价格升高，从而增加生产成本。所以，要在保证质量的前提下尽量采购价格低廉的物资。

（3）费用最省

在采购的每个环节、每个方面都要发生各种各样的费用。购买时有购买费用，进货时有进货费用，检验入库时有检验费用、入库费用，搬运时有搬运费用、装卸费用，在仓库中储存保管时有保管费用，库存物资所占用的资金可能还需要支付银行利息等。因此，在采购全过程中，要运用各种各样的采购策略，使采购费用最小。

第二节 采购组织与采购流程

采购组织是指为完成企业的采购任务，保证企业生产经营活动顺利进行，由采购人员按照一定的规则组建的采购团队。采购组织是一个基于整个企业的，负责为整个企业所有采购过程提供支持的中心组织，它在企业中具有重要的作用。无论生产型企业还是流通型企业，都需要建立一个高效的采购组织，降低采购成本，保证企业生产经营活动的正常进行。

一、采购组织的类型

采购组织一般分为中央集权式的“集中制”、地方分权式的“分权制”和兼有集权与分权的“混合制”三种类型。建立何种采购组织与其所在企业的规模、地理条件，以及采购品种类等因素皆有密切关系。企业规模小，分支机构分布邻近，采购品种类相似的，多采用集中制；反之，则采用分权制或混合制。

1. 集中制采购组织

集中制采购组织是指由一个采购部门统一组织本部门、本企业采购活动的采购组织类型，其结构如图 1—1 所示。

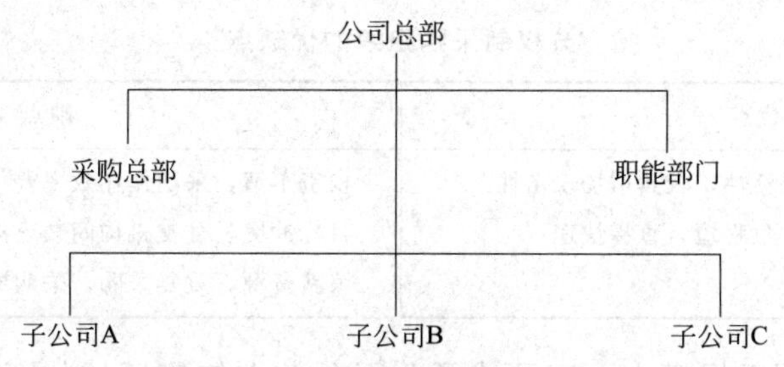

图 1—1　集中制采购组织的结构

集中制采购组织的优缺点见表 1—3。

表 1—3　**集中制采购组织的优缺点**

优点	缺点
采购数量增加，提高与卖方谈判优势 采购方针统一，有利于采购战略的实施 采购功能集中，精简人力，提高专业化和物料标准化程度，提高采购绩效，降低采购成本（形成规模效应） 可综合利用信息，形成信息优势，为企业经营活动提供信息支持	流程长，时效性差，对市场反应较慢 采购方与需求方分离，容易错失机会，降低采购绩效 对于差异性物料集中采购，企业难以获得折扣

集中制主要适用于三种采购组织：物料需求规模小的采购组织；供应与需求同处一地，便于集中组织供应的采购组织；为加强管理和控制，需集中采购的采购组织。

2. 分权制采购组织

分权制采购组织是指由各物料需求部门自行开展采购活动的采购组织类型，其结

构如图 1—2 所示。

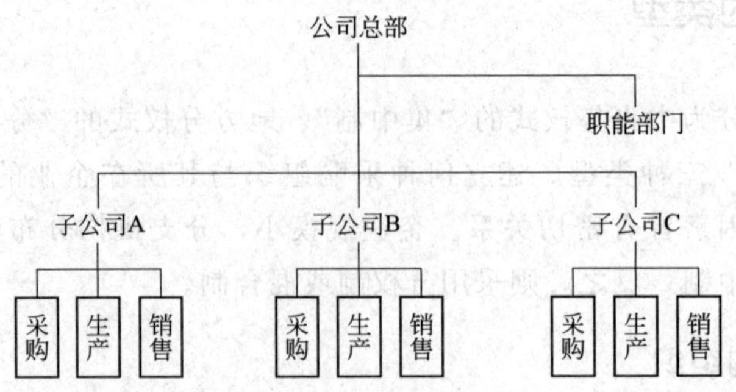

图 1—2 分权制采购组织的结构

分权制采购组织的优缺点见表 1—4。

表 1—4　　分权制采购组织的优缺点

优点	缺点
具有较好的自主性、灵活性，较具市场攻击性	权责不清，采购作业效率差
定价机动，手续简单，过程短，直接快速	目标冲突，分支机构间缺乏沟通
符合本地消费者需求	浪费资源，重复采购，采购成本过高

分权制主要适用于规模大、工厂或子公司分散在较广区域的企业的采购组织，或拥有不同物料需求的跨行业生产型企业或流通型企业的采购组织。

3. 混合制采购组织

混合制采购组织是集中制和分权制相结合的采购组织类型，其结构如图 1—3 所示。

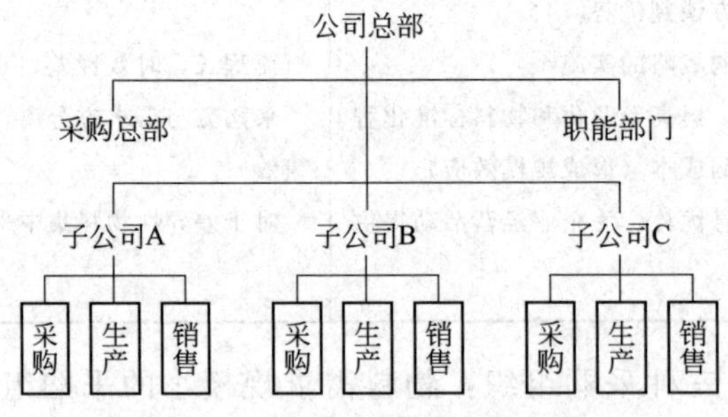

图 1—3 混合制采购组织的结构

混合制适用于各子公司同时具有共同物料需求和各自地域性需求的企业的采购组织。混合制采购组织不仅具有分权制采购组织的灵活性，同时还具有集中制采购组织采购量大价优的优势。

集中与分权没有绝对好坏之分，如何选择取决于采购组织的实际情况。采购组织必须在集中与分权之间选择一种平衡，这种平衡是由内外部环境、管理者性格、员工素质等各因素协调的结果。

二、采购流程

对于企业采购而言，一个完整的采购流程包括以下几个步骤：

第一步　接受采购任务，制定采购单。这是采购工作的任务来源，通常是由企业各个部门把需求报到采购部门，采购部门把需求信息汇总，然后给各个采购人员分配采购任务。也有很多企业是由采购部门根据企业生产销售的任务，主动安排各种物资的采购计划，然后给各个采购人员分配采购任务。

第二步　制订采购计划。采购人员在接到采购任务单之后，要制订具体的采购工作计划。首先是进行资源市场调查，包括对商品品质、价格以及供应商情况进行调查分析，然后选定供应商，确定采购方法、采购日程计划、运输方法、货款支付方法等。

第三步　根据既定的采购计划联系供应商。联系方式包括出差联系，用电话、电子邮件等方式联系等。

第四步　与供应商洽谈、成交，最后签订订货合同。这是采购工作的核心步骤。采购人员要和供应商反复进行磋商谈判，讨论价格、质量、送货、服务及赔偿等各种限制条件，最后把这些条件用条款的形式确定下来，形成订货合同。订货合同签订以后，才意味着已经成交。

第五步　运输进货及进货控制。订货成交以后，就进入履行合同的环节，要开始运输进货。货物可以由供应商运输，也可以由运输企业运输或采购者自己提货。采购人员要督促、监督进货过程，确保按时到货。

第六步　到货验收、入库。到货后，采购人员要督促有关人员进行验收和入库，既要检验货物数量，也要检验货物质量。

第七步　支付货款。货物到达并通过验收后，采购人员按合同规定支付货款。

第八步　善后处理。采购活动完成以后，采购人员要进行采购总结评估，并妥善处理未尽事宜。

不同类型企业的采购活动有不同的特点，其具体步骤和内容都不尽相同，例如，生产型企业和流通型企业的采购流程就存在较大差异，要根据具体情况安排采购流程。

思考练习题

1. 什么是采购?
2. 简述采购的目的和作用。
3. 采购有哪几种类型?
4. 采购的方式有哪些?
5. 试比较集中制采购组织与分权制采购组织的优缺点。
6. 简述采购的基本流程。

第二章　采购计划

采购计划是开展采购工作的基础，是采购工作得以及时、有序进行的有力保证。编制采购计划时，首先要做好采购需求分析，要全面考虑企业的生产计划、销售计划、用料清单、存量管制卡等主要因素和相关数据，最大限度地减少采购盲目性，保证采购计划的准确性。此外，还要优化采购预算方案，节约物资，降低采购成本，让采购工作更具科学性和可控性。

第一节　采购需求分析

确定采购需求是整个采购运作的第一步，也是进行其他采购工作的基础。企业依据采购需求分析结果，才能编制采购计划，并计算和确认采购数量，以此作为企业预算的基础，制定出企业的采购预算。

一、采购需求分析概述

采购需求分析的目的就是弄清需要采购什么、采购多少、什么时候需要。采购管理人员应当分析需求的变化规律，根据需求变化规律，主动满足用户需要。不需用户自己申报，采购管理部门就能知道用户什么时候需要什么品种、需要多少，因而可以主动地制订采购计划。

采购需求分析是采购工作的第一步，是制订订货计划的基础和前提。企业只有知道所需的物资数量，才能适时适量地进行物资供应。

需求分析涉及企业各个部门，各道工序，各种材料、设备和工具，以及办公用品等各种物资。其中最重要的是生产所需的原材料，因为它的需求量最大，而且需求的持续性、时间性很强，能直接影响生产。

需求分析要依靠企业各个部门，但是，最好由采购管理部门先至少做一次彻底的

需求分析。因为仅靠各部门的报表，不免会有所遗漏，而且这样不一定符合采购部门的要求。

需求分析人员要具备全面的知识。首先，要有生产技术方面的知识，包括生产产品和加工工艺的知识，要会看图样，会根据生产计划和生产加工图样推算出物料需求量。其次，还要有数理、统计方面的知识，会进行物料性质、质量的分析，会进行大量的统计分析。再次，还要有管理等方面的知识。所以，需求分析是一项非常重要且比较复杂的工作。

二、采购需求分析方法

常用的采购需求分析方法主要有推导分析法、统计分析法和 ABC 分析法。

1. 推导分析法

推导分析就是根据企业主生产计划来进行需求分析，求出各种原材料、零部件的需求计划的过程。推导分析不能够凭空想象，也不能靠估计，一定要进行严密的推算。

推导分析所依据的主要资料和推导分析步骤如下：

(1) 制订主产品生产计划

1) 主产品的生产计划。对订货制生产的企业而言，主产品的生产计划主要是根据市场对主产品的订货计划生成的；对于库存制生产的企业而言，主产品的生产计划是根据预测和经营计划生成的。

2) 零部件的生产计划。在生产型企业中，零部件的生产有两个用途：一是用于装配主产品；二是提供给维修企业，用于对市场上的主产品进行维修保养。零部件的生产计划主要是指维修企业所提出的零部件订货计划。

(2) 制订主产品的结构文件

该文件要求列出装配主产品需要哪些零件、部件、原材料，哪些要自制，哪些要外购，自制件在制造过程中又要采购什么零件、部件、原材料等。这样逐层求出主产品的结构层次。每一个层次的每一个零部件都要标出需要数量、是自制还是外购，以及生产提前期或采购提前期。所有自制件都要分解到最后的原材料层次，这些原材料一般都需要采购。

通过主产品结构文件可以统计出为了在某个时间生产出一个主产品，需要分别提前多长时间采购一些什么样的零件、部件和原材料，以及需要采购多少。把这些资料汇总成一张表，就是主产品零部件生产采购一览表。

(3) 制订库存文件

分析主产品零部件生产采购一览表中所有零件、部件、原材料的现有库存量和消耗速率，可以得到主产品零部件库存一览表。

(4) 确定采购需求

根据上述资料确定需要采购的零部件和原材料，然后确定下月的需求量。第 i 个品种的下月需求量用以下公式确定：

$$P_i = P \times n_i + P_{oi}$$

式中 P_i——第 i 个零部件的下月需求量；

P——主产品下月的计划出产量；

n_i——一个主产品中包含第 i 个零部件的个数；

P_{oi}——第 i 个零部件下月的外订货数量。

假设某企业生产的主产品 A 由 2 个部件 B 和 1 个零件 C 构成。而 1 个部件 B 由 1 个部件 D 和 2 个零件 E 构成，1 个部件 D 又由 1 个零件 F 加工而成，其中零件 C、E、F 都是由外购获得。

主产品生产计划见表 2—1。

表 2—1　　主产品生产计划表　　个

时期 / 主产品及零部件名	第 1 周	第 2 周	第 3 周	第 4 周	月合计
生产 A	25	15	20	15	75
外购 C	15		15		30
外购 E		20		20	40

表中包括了主产品的生产计划，也包括了零部件 C、E 的订货计划。

主产品结构文件如图 2—1 所示。图中，A 为主产品，B、C、D、E、F 为零部件，

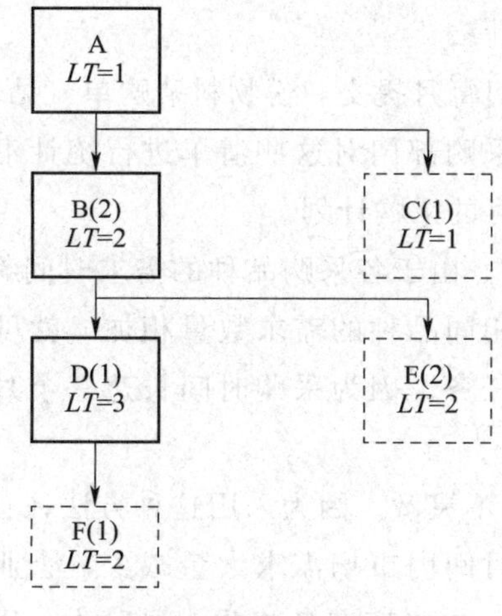

图 2—1　主产品结构文件

括号内的数字表示一个上级产品中所包含的本产品的件数，LT 表示提前期，单位为天。虚线框表示外购件，实线框表示自制件。

由主产品结构文件可以得到主产品零部件生产采购一览表，见表 2—2。

表 2—2　　主产品零部件生产采购一览表

零部件名	数量（个）	自制	外购	提前期（天）
B	2	√		2
C	1		√	1
D	2	√		3
E	4		√	2
F	2		√	2

根据下月需求量计算公式可以得到月采购需求一览表，见表 2—3。

表 2—3　　月采购需求一览表

零部件名	下月需要数量（个）	零部件名	下月需要数量（个）
C	75×1+30=105	F	75×2=150
E	75×4+40=340		

2. 统计分析法

（1）采购申请单汇总统计法

这种方法要求各需求部门每月提交一份物料请购单（见表 2—4），提出每个部门下月的采购品种和数量。然后采购部门对这些清单进行统计汇总，得出下月总的采购任务表，再根据此表制订下个月的采购计划。

1）优点。一是操作简单。由于各采购品种的需求时间都相同，均为一个月，所以表项汇总就很简单，只要将相同品种的需求数量相加，就可以得到下个月汇总的采购任务表。二是容易完成采购任务。因为采购时间长达一个月，有非常充裕的时间完成任务。

2）缺点。一是市场反应不灵敏。因为采用这种方法往往是一个固定周期（如一个月）采购一次，如果在这段时间内市场需求大量减少，企业采购的物资很可能就无法利用，这会带来巨大的浪费。二是库存负担重，风险大。因为一个月采购一次，采购的批量大，采购品使用的时间长，容易造成物资库存量增大，加大库存成本。

表 2—4 物料请购单

请购部门：＿＿＿＿＿＿＿ 请购单编号：＿＿＿＿＿＿＿ 日期：20 年 月 日

序号	物资名称	规格型号	单位	用途	库存量	需用量	请购数量	核准数量	入库期限

审批： 制单：

（2）销售日报表统计法

对于流通型企业来说，用户对企业物资的需求决定了企业的销售状况，因此由每天的销售日报表就可以统计得出企业物资的消耗规律。消耗的物资需要补充，也就需要采购，因此物资消耗规律也就是物资采购需求的规律。

3. ABC 分析法（80/20 法则）

有多种物资需要采购时，一般都要运用 ABC 分析法。

ABC 分析法最初来源于人口管理理论。意大利经济学家帕累托在研究人口理论时发现，占人口总数 20％的富人拥有 80％的社会财富，而占人口总数 80％的穷人只拥有 20％的社会财富，即所谓 80/20 法则。后来这种法则被广泛应用于其他领域。

企业需要采购的物资可能有很多品种。但是，这些品种中，只有少数品种价值高，对企业特别重要，大多数品种价值低，对企业不是非常重要。采购人员可将价值高、对企业特别重要的少数品种划作 A 类，实行重点管理；将价值低的大部分品种划为 C 类，实行一般管理；将剩余的品种归为 B 类，根据情况可以实行重点管理，也可以实行一般管理。这就是 ABC 分析法，见表 2—5。

表 2—5 ABC 分析法

类别	物资特点	品种比例	采购量比例	管理方法
A	价值高，很重要，品种少	10％	70％	重点管理
B	价值居中，重要程度居中，品种数居中	20％	20％	可重点管理，也可一般管理
C	价值低，重要程度低，品种多	70％	10％	一般管理

采购人员应对 A 类物资的库存量及采购量进行严密监控，保证供应，不使其缺货。由于这类物资品种比较少，所以即使人力、物力、财力有限，也可以精心管理这些少数品种；对 C 类物资可实行一般管理；而对 B 类物资，如果人力、物力、财力足够，就进行重点管理，否则就进行一般管理。

第二节　采购计划编制

采购计划就是对企业未来采购活动的具体安排，它一般包括明确的采购目标、考核指标、实现手段和进度安排，是一项基本的、先导性的企业管理活动，是企业顺利实现生产和销售活动的基础。采购计划所要解决的问题是对未来一段特定时间内，应在何时购进何种物料及购进多少物料的一种预先安排。正确编制企业采购计划对于加强企业物资管理、保证生产所需、促进物资节约、降低生产成本、加速资金周转都有着重要作用。

【案例阅读】

某企业专门从事机械设备的生产和销售，在设备的生产过程中有很多原材料及零部件都需要外购。在产品订单激增时，企业在生产过程中经常会出现原材料及零部件供应不足的现象；在产品订单不足时，又会出现原材料及零部件库存积压的现象，甚至急需采购时还会出现资金困难等情况。这些问题严重地影响了该企业正常生产的进行。经过分析，造成这些问题的主要原因是企业的采购计划没有编制好，计划需求量与企业生产实际需求量差距较大。

一、编制采购计划的基础资料

1. 年度销售计划

一般情况下，企业的年度采购计划是以年度销售计划为基础的，采购计划应服务于销售计划。因此，企业采购计划的制订要受到企业销售计划的制约，只有基于年度销售计划才能制订准确可行的采购计划。

2. 生产计划

生产计划是规定企业在计划期（一般为年度）内所生产产品的品种、质量、数量，以及生产进度和生产能力的安排和计划。它是根据企业的销售计划和分析预测，以及预期的期末存货与期初存货来制订的。生产计划决定采购计划，采购计划又对生产计划的实现起物料供应保障作用。生产计划的计算公式如下：

预计生产量＝预计销售量＋预期期末存货量－预期期初存货量

3. 设备维修计划和技术改造计划

设备维修计划规定企业在计划期内需要修理的设备数量、修理的时间和进度等。技术改造计划规定企业在计划期内要进行的各项技改项目的进度、预期的经济效果，以及实现技改所需要的人力、物资、费用和负责执行的部门。这两个计划提出的物料需求品种、规格、数量和需要时间是编制物料采购计划的依据。采购计划要为这两个计划的实现提供物料保障。

4. 用料清单

一般生产计划只列出产成品的数量，无法明确指示某一产品需用的物料和数量，因此必须借助用料清单。用料清单是由研究发展或产品设计部门制定的，根据用料清单可以精确地计算出制造每一种产品的物料需求数量。将用料清单上所列的耗用量（即通称的标准用量）与实际用量相比较，可作为用料管理的依据。

5. 存量卡

如果产成品有存货，那么生产数量不一定要等于销售数量。同理，若材料有库存，则材料采购数量也不一定要等于材料需用量。因此，必须建立物料的存量卡，用以记载某一物料的库存量，再依据需求数量，并考虑提前期和安全库存量，算出正确的采购数量，然后再开具请购单，进行采购活动。

二、采购计划编制的步骤

采购计划的编制主要有以下四个步骤：

1. 准备订单计划

准备订单计划主要有以下三个方面的内容：

（1）调查市场需求

企业的生产活动是为了满足市场需求，要想制订比较准确的订单计划，必须了解市场需求状况及其变化趋势。企业根据市场需求首先制订销售计划，企业的年度销售计划一般在上年的年末制订，并下发到销售部门、计划部门、采购部门，以便指导全年的业务开展；根据年度销售计划，再制订季度、月度的销售计划。

（2）调查生产需求

生产需求在采购中也可以称为生产物料需求。在物料需求计划系统中，物料需求计划是主生产计划的细化，它主要来源于主生产计划、对独立需求的预测、物料清单

和库存信息。

（3）准备订单背景资料

准备订单背景资料是非常重要的一项内容。订单背景是在订单物料认证完毕之后形成的，订单背景资料主要包括订单物料的供应商信息、订单比例信息、最小包装信息和订单周期。其中，订单比例信息是指某一物料有多家供应商时每一个供应商分摊的下单比例，该比例由供应商管理人员规划并维护。订单周期是指从下单到交货的时间间隔，一般以天为单位。

订单背景资料一般使用信息系统管理。采购计划编制人员可根据生产需求的物料项目，从信息系统中查询了解该物料的采购参数。

2. 评估订单需求

（1）分析市场需求

一方面应仔细分析签订合同的数量、还没有签订合同的数量（包括没有及时交货的合同）等一系列数据，同时研究其变化趋势，全面考虑订单计划的规范性和严谨性；另一方面还应兼顾企业的市场战略和潜在的市场需求等。这样才能全面、系统、准确地掌握市场需求。

（2）分析生产需求

采购计划编制人员要准确计算生产物料需求，就必须深入分析生产需求的产生过程、需求量及需求时间。

（3）确定订单需求

根据对市场需求和生产需求的分析结果就可以确定订单需求。通常而言，订单需求的内容主要是通过订单管理，在未来指定的时间内将指定数量的合格物料采购入库。

3. 计算订单容量

订单容量是采购计划的重要组成部分。只有准确计算好订单容量，才能对比物料需求和订单容量，经过综合平衡，最后制订出正确的订单计划。计算订单容量主要有以下 4 个方面的内容：

（1）分析供应商及供应市场资料

如果没有供应商供应物料，一切都无从谈起。因此，分析所要采购物料的供应商及供应市场资料是非常重要的。

（2）计算总体订单容量

总体订单容量是多方面内容的组合，其中主要是可供给物料的数量和可供给物料的交货时间两个方面。

假设 A 供应商在 6 月 30 日之前可供应某种零件 3 万个（其中 m 型 1 万个，n 型 2

万个)，B供应商在6月30日之前可供应某种零件6万个（其中m型4万个，n型2万个)，那么6月30日之前m和n两种零件的总体订单容量为9万个，其中m型零件的总体订单容量为5万个，n型零件的总体订单容量为4万个。

(3) 计算承接订单容量

承接订单是指某供应商在指定时间内已经签下的订单。在上例中，A供应商在6月30日之前可以供给3万个零件（其中m型1万个，n型2万个)，若是已经承接m型零件1万个，n型零件1万个，那么对m型和n型零件已承接的订单容量就是m型1万个，n型1万个，共2万个。

(4) 确定剩余订单容量

剩余订单容量是指某物料所有供应商群体剩余可供物料的总量，可以用下面的公式表示：

物料剩余订单容量＝物料供应商群体总体订单容量－已承接订单容量

若某物料供应商群体总体订单容量为5万件，已承接订单容量为3万件，则：

物料剩余订单容量＝5万件－3万件＝2万件

4. 制订订单计划

(1) 对比物料需求与订单容量

对比物料需求与订单容量是制订订单计划的重要环节，只有比较出物料需求与订单容量的关系，才能科学地制订订单计划。如果经过对比发现企业的物料需求小于订单容量，则企业可以根据物料需求来制订订单计划。如果发现企业的物料需求大于订单容量，则企业要根据订单容量制订合适的物料需求计划。这样就产生了剩余物料需求，需要对剩余物料需求重新制订计划。例如：某企业对某种物料的需求量是12吨，而供应商的订单容量为15吨，则物料需求小于订单容量，企业可以根据订单容量制订合适的物料需求计划；若供应商的订单容量为10吨，则物料需求大于订单容量，这样就产生了剩余物料需求，需要对剩余物料需求重新制订计划。

(2) 综合平衡

综合平衡是指综合考虑市场、生产、订单容量等要素，分析物料需求的可行性，必要时应调整订单计划，计算出剩余物料需求。

(3) 确定余量计划

余量计划是指在对比物料需求与订单容量时，若产生剩余物料需求，为剩余物料需求（包括超出规定的时间及数量）所制订的计划。

(4) 制订订单计划

制订订单计划是采购计划的最后一个环节，订单计划做好之后就可以按照计划进行采购工作了。一份订单计划主要包含下单数量和下单时间两个方面，其计算公式

如下：

下单数量＝生产需求量－计划入库量－现有库存量＋安全库存量

下单时间＝要求到货时间－认证周期－订单周期－缓冲时间

采购订单计划表见表 2—6。

表 2—6　　采购订单计划表

序号	主项							次项							现存库存数量	下单数量	备注
	物料编码	物料名称	型号描述	年需求量	单位	开始日期	完成日期	样品图纸	技术规范	工艺路线	工艺指令	配料清单	巡回文档	隶属产品			
1																	
2																	
3																	
4																	
5																	
6																	
7																	
8																	
9																	
10																	
合计																	
制订			日期				审核			日期			批准			日期	
认证计划编号				制订部门			任务来源编号/说明							来源部门			

第三节　采购预算编制

采购预算是采购计划的数量体现，是采购部门为配合年度的销售预测或者生产计划，对所需物资的数量及成本所作的计划。

采购预算将企业未来一定时期内经营决策的目标通过有关数据系统地反映出来，是经营决策具体化、数量化的表现。采购预算的编制过程要以采购计划为基础，也要考虑企业经营过程中诸多因素的影响。采购组织要明确采购预算的内容，做好编制预算之前的市场调查工作，尤其是要把握采购物料的价格变动趋势，按照采购预算编制步骤，逐步编制采购预算。同时，通过采购预算编制过程中的广泛参与，完善和优化采购预算方案。

一、采购预算概述

采购预算是指采购部门在一定计划期内为配合销售计划或生产计划而编制的物料采购用款计划。

传统采购预算的编制方法是将本期应购（定购）数量乘以各项物料的购入单价，或者将物料需求计划（MRP）的请购数量乘以标准成本，即可获得采购金额（预算）。为了使预算对实际的资金调度具有意义，采购预算应以现金预算为基础编制，即采购预算应以付款的金额来编制，而不以采购的金额来编制。

采购预算编制的主要原则是实事求是、积极稳妥、留有余地、比质比价。

影响采购预算编制的因素有很多，采购环节中每个作业程序都会对采购活动产生影响，进而对采购过程中的费用产生影响。一般来说，影响采购预算编制的因素包括企业总体经营目标、未来的销售计划和预期、存量管理卡、用料清单、交货周期、生产进度、生产效率、主要原材料和零部件的价格变化趋势、物料标准成本设定等。

二、采购预算编制的内容

1. 原材料采购预算

原材料采购预算是从对企业经营行为的预测开始的，其目的主要是确定用于生产既定数量产品或者提供既定水平服务的原材料的数量和成本，预算时间跨度一般是 1 年或者更短。编制预算的依据主要是生产或者销售的预期水平、提供服务的预期水平，以及原材料的未来预期价格。

2. MRO 预算

MRO 是英文 Maintenance、Repair 与 Operation 的缩写，即维护、维修与运行，通常是指非生产原料性质的工业用品。它们在实际的生产过程中不直接构成产品，只用于维护、维修、运行设备，主要包括办公用品、润滑油、机器修理用零部件等。MRO 采购包含在经营管理过程中，但是并没有成为生产运作的一部分。MRO 项目可能很多，对每一项都进行单独预算并不可行，所以通常 MRO 预算是按照以往的比例进行确定，然后根据库存和一般价格水平的预期变化进行调整。

3. 资产采购预算

企业的固定资产通常费用较高，占采购支出的较大部分，固定资产预算不仅要考

虑初始成本，还要考虑包括维护成本、能源消耗成本和备用零部件成本等生命周期成本。由于这些支出具有长期性，所以通常采用净现值法编制预算。

4. 采购费用预算

采购费用预算是指在采购活动中发生的各项开销预算，这些是根据预期的工作量来制定的，包括工资、福利费、电费、通信费、教育培训费、差旅费和办公用品费等支出。一般情况下，这些费用可以根据上年采购费用计划与实际采购费用支出情况，结合当年情况进行估算。

三、采购预算的编制方法

1. 概率预算

预算编制过程涉及的变量很多，如业务量、价格、成本等。企业管理者无法在编制预算时十分精确地预见到这些因素在将来会发生何种变化，以及变化到何种程度，而只能大体估计出变化的可能性即概率，从而近似地判断出各种因素的变化趋势、范围和结果，然后对各种变量进行调整，计算出可能值的大小。这种利用概率来编制的预算即为概率预算。

2. 零基预算

零基预算是指在编制预算时，对所有的预算项目均不考虑以往的情况，一切以零为起点，完全根据未来一定期间生产经营活动的需要和每项业务的轻重缓急，如实确定每项预算支出必要性和支出数额大小的一种预算编制方法。

零基预算的特点是一切费用预算额以零为起点，不受现行预算框架的约束，能充分调动各级管理人员的主观能动性，促进各级管理人员精打细算、量力而行，把有限的资金切实用到最需要的地方，以提高整体的经济效益。但该预算编制方法将一切支出均以零为起点来进行分析、研究，工作量太大，而且，一个企业把不同性质的业务按照重要性进行排序是很困难的，不可避免地会带有某些主观随意性。因此，在实际预算工作中，可每若干年进行一次零基预算，在此期间则略做适当调整。

3. 弹性预算

弹性预算又称变动预算，它是指在编制预算时，考虑计划期间的各种可能变动因素的影响而编制出一套适应多种业务量的预算。由于这种预算随着业务量的变化而作出相应的调整，具有伸缩性，因此称作弹性预算。

弹性预算一般用于编制弹性成本预算和弹性利润预算，弹性利润预算是对计划期内各种可能的销售收入所能实现的利润所作的预算，它以弹性成本预算为基础。

4. 滚动预算

滚动预算又称连续预算，其主要特点是预算期随着时间的推移而自行延伸，始终保持一定的期限（通常为一年）。当年度预算中某一季度（或月份）预算执行完毕后，就根据新的情况调整和修改后几个季度（或月份）的预算。滚动预算法示例如图 2—2 所示。

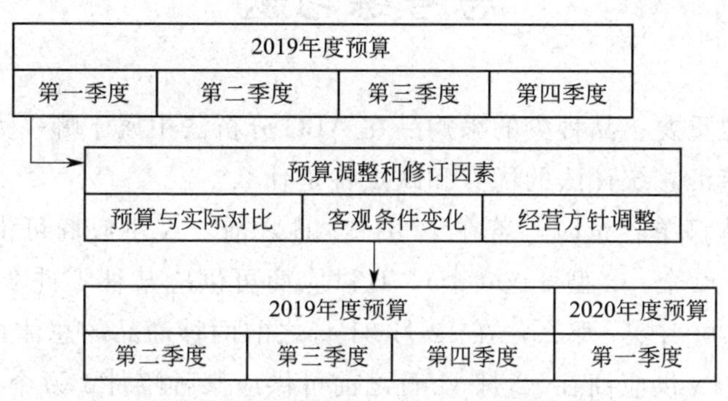

图 2—2　滚动预算法示例

四、采购预算的编制流程

1. 审查采购目标与企业战略目标的一致性

采购预算是为实现企业战略目标服务的，编制采购预算要求各部门采购目标与企业战略目标具有一致性。如果各部门目标与企业战略目标存在偏差，那么就可能产生相互矛盾和冲突的采购预算。如果采购目标与企业战略目标不一致，采购活动就不可能有效地服务于生产经营活动，其预算也是无效的。

2. 制订工作计划，确定所需资源

采购预算是对未来活动的预算安排，因此，需要管理者在明确各部门工作特性和范围的基础上，制订出详细的工作计划，对采购工作进行任务分解，确定各部门的产出与消耗，否则就无法编制采购预算。

在详细的工作计划基础上，结合对实际情况的估计，按照采购工作流程分解各个作业环节对人、财、物等资源的需求情况，进而确定为实现既定目标所需要的人、财、物等资源。

3. 制定和审核预算方案

采购预算通常由采购部门会同企业职能部门共同编制,通过经验或者借助数学工具和统计资料分析,提出准确的预算方案。然后,采购部门将各个业务部门制定的部门采购预算进行汇总整理,形成总的采购预算方案。采购预算编制完成后,还要提交财务部门和相关的职能管理部门审核,审核通过后方可实施。

思考练习题

1. 价值高、很重要、品种少的采购品在 ABC 分析法中属于哪一类?应如何管理?

2. 采购申请单汇总统计法的优点和缺点各是什么?

3. 在计算总体订单容量时,若在 12 月 31 日之前,A 供应商可供应某种零件 1 万个(其中 m 型 4 000 个,n 型 6 000 个),B 供应商可供应某种零件 2 万个(其中 m 型 15 000 个,n 型5 000 个),那么,在 12 月 31 日之前两种商品的总体订单容量为多少?

4. 在上题中,A 供应商在 12 月 31 日之前可供应某种零件 1 万个(其中 m 型 4 000 个,n 型 6 000 个),若已经承接 m 型零件 3 000 个,n 型零件 5 000 个,那么,m 型和 n 型零件已承接的订单容量为多少?

5. 简述采购预算编制的内容。

6. 某公司由于拥有设计完美的产品,销售量急剧增长。公司对配件的采购需求越来越大,但生产部门经常遇到配件供货短缺的情况,因而公司很难保证足够的产量,产生了缺货并造成了企业信誉的下降。如果你被任命为该公司采购部门负责人,你将采取哪些措施改进采购工作?

第三章　供应商管理

供应商管理就是对供应商的了解、选择、开发、使用和控制等综合性管理工作的总称。其中，了解是基础，选择、开发、控制是手段，使用是目的。供应商管理的目的就是要建立起一支稳定可靠的供应商队伍，为企业生产提供可靠的物资供应。

如果选择了一个好的供应商，不但物资供应稳定可靠，质优价廉，而且双方关系融洽，互相支持，共同协调，这样对采购管理，对企业的生产和效益都十分有益。

第一节　供应商开发

供应商是指可以为企业生产提供原材料、设备、工具及其他资源的企业。供应商作为企业外部环境的组成部分，必然间接或直接地对企业造成影响。任何供应商，不管是不是已经与企业有直接关系，都是资源市场的组成部分。资源市场中物资的供应总量、供应价格、竞争态势、技术水平等，都是由资源市场的所有成员共同决定的。而企业的采购都只能从资源市场中获取物资，所以采购物资的质量水平、价格水平都必然受到资源市场成员的共同影响。

调查与开发供应商是物流采购管理中一项重要的工作，采购人员通过对供应商采取走访、问卷调查等措施，可以详细了解供应商的能力、资信状况、经营业绩、社会地位等情况，为进一步开发与使用供应商提供依据。同时能对整个资源市场进行分析，了解其在行业中的发展状况，为企业的发展提供决策支持。

一、供应商开发概述

1. 供应商开发的概念

供应商开发就是寻找新的供应商，建立起适合企业需要的供应商队伍。它是供应商管理的一项重要任务。供应商开发既要选择优秀的供应商伙伴，选择以客户为中心的供应商，而不是寻找只有纯粹买卖交易关系的供应商；又要有科学的评判准则、合理的开发流程、恰当的技术手段。

供应商开发是一项很重要的工作，同时也是一个庞大复杂的系统工程，需要精心策划、认真组织，做好每一个环节的工作。

2. 供应商信息的来源

开发供应商首先必须扩大供应商来源，供应商越多，选择面就越大。供应商的主要信息来源如下：

国内外采购指南，国内外产品发布会，国内外新闻媒体（报纸、期刊、广播、电视、互联网等），国内外产品展销会，各类商品订货会，国内外行业协会名录，国内外企业协会名录，国内外各种企业联谊会或同业工会名录，其他各类企业名录，国内外相关统计调查报告、产业公报、产业研究报告，通过商品包装上的制造商或进口代理商的名称或联系方式查找到的同行业优质供应商，其他供应商介绍，供应商自我主动推荐等。

二、供应商开发的步骤

开发一个供应商，大体上要经过以下十个步骤，如图 3—1 所示。

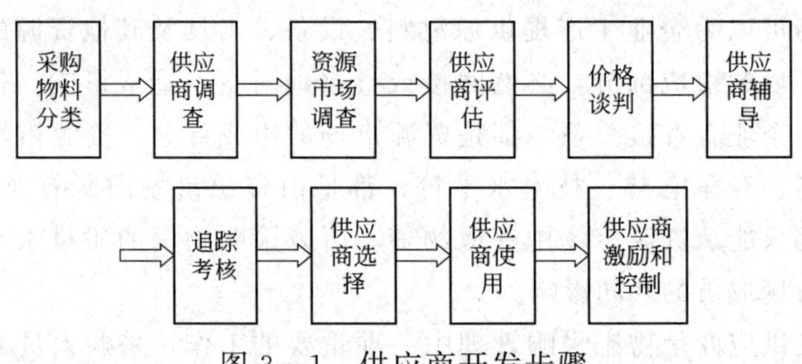

图 3—1 供应商开发步骤

1. 采购物料分类

可以将主生产物料和辅助生产物料等按采购金额比重分成 A、B、C 三类，区分出关键物资、重点物资，对其进行重点管理。再根据物资重要程度决定供应商关系的紧密程度。对于关键物资、重点物资，要建立起比较紧密的供应商关系；对于非重点物资，可以建立起一般供应商关系，甚至不必建立起固定的供应商关系。此外，也可以按物料成分或性能分类，如塑胶类、五金类、电子类、化工类、服装类等，并确定相关资源市场的类型和性质。

2. 供应商调查

供应商调查包括对供应商的初步调查和深入调查。供应商初步调查非常简单，调查的基本内容就是供应商的名称、地址、生产能力，以及产品的品种、数量、价格、质量、市场占有率和运输、进货条件等。

对供应商的深入调查，一是根据按 ABC 分类法所确定的产品重要程度，二是根据供应商的实际生产能力水平。对于企业的关键产品、重要产品，要认真地选择供应商，要对提供这些产品的供应商进行深入的研究、考察和考核。深入调查供应商，其标准主要是企业的实力、生产能力、技术水平、质量保证体系和管理水平等。具体就是深入到供应商的生产线、质量检验环节甚至管理部门，对其现有的设备工艺、生产技术、管理技术等进行考察，调查供应商所提供的产品能不能满足企业的要求。有的甚至要根据所采购产品的生产要求进行资源重组，并进行样品试制，试制成功后，才算考察合格。只有通过深入的供应商调查，才能发现可靠的供应商，建立起比较稳定的采购物资供需关系。进行深入的供应商调查，需要花费较多的时间和精力，调查的成本高，一般只有对准备发展为伙伴关系的供应商及关键零部件的供应商才有必要。

3. 资源市场调查

对资源市场的调查包括：

（1）资源市场的规模、容量和性质

对于买方市场，企业在选择供应商时，可将质量、价格和服务的权重适当放大；而对于卖方市场，企业在选择供应商时，应将质量、价格和服务的权重适当缩小。另外，还要了解资源市场究竟有多大范围，有多少资源和需求量，是一个新兴的成长市场还是一个传统的没落市场等。

（2）资源市场的环境

资源市场环境包括市场的经济环境与政治环境状况、市场的法制与管理制度建设水平、市场的规范化程度等外部条件，以及市场的发展前景等。

（3）资源市场的总水平

资源市场总水平即资源市场各个供应商的总体情况。例如，资源市场的生产能力、技术水平、管理水平、可供资源量、质量水平、价格水平、需求状态和竞争性质等。

4. 供应商评估

企业进行供应商评估时，首先应成立供应商评估小组，一般由副总经理任组长，采购部门、品质管理部门、技术部门的经理、主管、工程师组成评估小组，对已调查的供应商及资源市场情况进行深入分析。

其次，对反馈回来的供应商调查表进行整理核实，如实填写供应商资料卡，将合格供应商分类，按顺序记录。然后由评估小组进行资料分析比较和综合评估，按A、B、C类物料采购金额的大小，供应商规模，生产能力等基本指标进行分类，对每种关键物资、重点物资初步确定1～3家供应商，准备进行深入调查。

最后，在供应商分析的基础上，结合资源市场调查的有关资料分析资源市场的基本情况，包括资源能力情况、供需平衡情况、竞争情况、管理水平、规范化程度、发展趋势等，并根据资源市场的性质确定相应的采购策略、产品策略和供应商关系策略。例如：对于垄断性市场，采用合作和据理谈判策略；对于竞争性市场，采用招标竞争策略等。

5. 价格谈判

对送样或小批量合格的产品、材料，要评定品质等级，并进行比价和议价，确定一个最优的性能价格比。

在价格谈判之前要有充分准备，设定合理的目标价格。对小批量产品，其谈判的核心是交货期，要求供应商具有快速的反应能力；对流水线连续生产的产品，其谈判的核心是价格，但一定要保证供应商有合理的利润空间。进行价格谈判的指导思想就是要合理、双赢，要考虑长远合作、共同发展。

价格谈判是一个持续的过程，在经过一段时间合作后，企业与其中表现优秀的供应商结成战略联盟，促使其提出合理的供应改进方案，以最大限度地节约成本。

价格谈判成功以后，就可以签订试运作协议，进入物资采购供应试运作阶段，基本上以一种供需合作关系运行起来。

6. 供应商辅导

签订试运作协议的试运行供应商，将与企业建立起一种紧密关系，参与试运作。这时企业要积极参与辅导、合作。企业应当根据自身生产的需要，也要根据供应商的情况，共同设计、规范相互之间的作业协调关系，制定作业手册和规章制度。为使供应商适应企业的需要，企业应在管理、技术、质量保证等方面对供应商进行辅导和协助。

【案例阅读】

T公司是一家知名的汽车制造商，与多家供应商保持着合作。近期，公司发现一个与其长期合作的供应商的产品存在着极大的质量问题，经过调查，T公司认为，这家小型独立供应商在试图为T公司的增长提供支持的过程中，所进行的业务扩展已经超出了它的能力。

T公司没有终止与这家供应商的合作，而是由采购部门安排了4名员工去帮助这家出现问题的供应商。T公司的团队进驻供应商的工厂，用了10个月的时间帮助该供应商开发了支持规模扩展所需的企业业务，最终使该供应商具备了长期为T公司提供支持的能力。

7. 追踪考核

在试运作阶段，企业要对供应商的物资供应业务进行追踪考核，包括检查产品质量是否合格、交货是否准时、交货数量是否满足要求以及企业信用度是否达标等。

8. 供应商选择

根据考核结果，优秀的供应商可以通过试运作，结束考核期，与企业签订正式供需合同，建立一个比较稳定的供需关系。不能通过试运作的供应商，应当结束考核，终止供需关系。选择好的供应商，不仅对企业的正常生产起决定作用，而且对企业的发展也非常重要。

9. 供应商使用

在选定供应商之后，企业就应与其签订正式的供应商关系合同，进入正常合作阶段。在业务运作的开始阶段，企业要加强指导与配合，对供应商提出明确的要求。同时，在初期还要加强评估与考核，不断改进工作和配合关系；在合作关系比较成熟以后，还应注意检查、合作和协商，保持业务运行健康、有序，形成双赢的合作关系。

10. 供应商激励和控制

在供应商管理的整个过程中，企业要加强激励和控制，一方面采取积极的措施鼓励供应商做好物资供应工作，另一方面还应对其进行监督和控制，约束和防范供应商的不正当行为，保证与供应商的合作关系和物资供应业务的正常进行。

第二节　供应商选择

对于生产型企业，其供应商的优劣直接影响产品的成本、质量和交货日期。只有供应商的成本控制得当，企业的产品价格才具有更强的市场竞争力；只有供应商提供高质量的原材料及零部件，企业才能生产出质量稳定的产品；只有供应商能够及时稳定地供货，企业才能把产品及时地送到消费者的手中。可见，供应商选得好不好，对企业来说非常重要。

一、选择供应商的方法

选择供应商的方法很多，应根据具体的情况采用合适的方法。常用的方法主要有

直观判断法、招标选择法、协商选择法、采购成本比较法和层次分析法。

1. 直观判断法

直观判断法属于定性选择的方法，是根据征询和调查所得的资料并结合采购人员的分析判断，对供应商进行分析、评价的一种方法。这种方法主要是倾听和采纳有经验的采购人员的意见，或者直接由采购人员凭经验作出判断。其实施效果取决于对供应商资料掌握的详尽程度以及决策者的分析判断能力与经验。这种方法简单、快速、方便，但是主观性较强，受掌握信息的详尽程度限制，常用于选择非主要原材料的供应商。

2. 招标选择法

招标选择法是采购者采用招标的方式，吸引多个有实力的供应商来投标竞争，然后经过评标小组分析评比而选择最优供应商的方法。当采购物资数量大、供应市场竞争激烈时，可以采用这种方法选择供应商。

3. 协商选择法

协商选择法是由采购者选出供应条件较为有利的若干供应商，同他们分别进行协商，再确定合适的供应商的方法。协商选择法的优点是双方能充分协商，能确定更为合适的供应商，因而在商品质量、交货日期和售后服务等方面较有保证，但由于选择范围有限，不一定能得到最便宜、供应条件最有利的供应商。当采购时间紧迫、投标单位少、供应商竞争不激烈、采购物资规格和技术条件比较复杂时，比较适合采用协商选择法。

4. 采购成本比较法

对供货质量和交货日期都能满足要求的供应商，需要通过计算采购成本来进行比较分析。采购成本一般是采购费用、运输费用等各项支出的总和。采购成本比较法是通过计算分析各个不同供应商的采购成本，选择采购成本较低的供应商的一种方法。

5. 层次分析法

层次分析法的基本原理是根据具有递进结构的目标、子目标（准则）、约束条件、部门等来评价方案，采用两两比较的方法确定判断矩阵，然后把与判断矩阵最大特征相对应的特征向量的分量作为相应的系数，最后综合给出各方案的权重（优先程度）。该方法让评价者对照相对重要性函数表给出因素两两比较的重要性等级，可靠性高、误差小，其不足之处是分析因素众多、规模较大的问题时容易出现问题。例如，判断矩阵难以满足一致性要求时，往往难以进一步对其分组。层次分析法作为一种定性和定量相结合的工具，目前已在许多领域得到了广泛的应用。

二、选择供应商的标准

【案例阅读】

通用电气公司是一家历史悠久的全球性公司，其采购模式没有国别限制，各个国家的供应商都要具备同样的标准、程序和操作方式。通用电气公司对供应商有4个最基本的要求：价格、质量、交货日期和诚信。

首先，在价格方面，通用电气公司是全球采购，这种全球的竞争会将供应商的价格压得很低，因为全球范围内有很多的企业相互竞争。如果供应商连续三年不降低价格，通用电气公司就要考虑选择新的供应商。

在质量方面，如果供应商有一年供应的产品质量非常差，通用电气公司就有可能不再与其合作了，在质量上没有任何商量的余地。

通用电气公司对全球供应链的要求非常严格，供应商一定要准时交货，如果不能准时交货，就要用飞机运输，而不是用船，这会明显增加成本。通用电气公司对供应商的要求不仅是质量和价格，还包括供应商整体的质量水平。如果供应商出现原则性错误（包括供应商对通用电气公司的雇员行贿、供应商自己人员的管理问题等），就会被取消供应商资格。

很多供应商通过与通用电气公司合作，不仅交易越做越大，而且企业的整体竞争力也提高了。

从上述案例可以看出，选择供应商的标准主要是以下几个方面：

1. 质量

采购品的质量合乎要求是企业生产经营活动正常进行的必要条件。如果采购品质量低，虽然采购成本低，但往往会影响生产的连续性和产品的质量，这些最终都将会反映到企业总成本中去。而质量过高的采购品也未必适合企业的需要，因为对企业而言这也是一种浪费。因此，采购品质量应保持适当。

2. 价格

采购品的价格直接影响采购成本，采购价格低对于降低企业生产经营成本、提高竞争力和增加利润有着明显的作用，但并不意味着价格越低越好，还应考虑到包括原料或零部件使用过程中或生命周期结束后所发生的一切支出。因此，总成本最低才是选择供应商的标准。

3. 交货日期和交货准确率

交货日期也是选择供应商所要考虑的因素之一，供应商能否按约定的交货日期和

交货条件组织供货，直接影响企业生产和销售的连续性。为了应对一些紧急缺货情况，供应商的供货都应有一个合理的提前期，实施供应链管理能使这种提前期显著缩短。另外，供应商交货的准确率也很重要，应尽量降低所供应商品的返退率。

4. 服务水平

服务水平是衡量供应商水平的一项重要指标。供应商的整体服务指标主要包含以下几个方面的内容：

（1）安装服务

如空调的免费安装、计算机的装机调试、贴片机的安装调试等。

（2）培训服务

供应商应对采购者提供相应的培训。供应商对产品售前与售后的培训工作情况，会大大影响采购者对供应商的选择。

（3）维修服务

供应商对所售产品一般都会提供免费保修一段时间的服务。

（4）技术支持服务

供应商应向采购者提供相应的技术支持，包括产品升级及技术上的帮助。

5. 供应商管理能力和水平

供应商管理能力和水平是指供应商的内部管理是否先进、规范，它包括企业的财务状况是否稳定、内部组织与管理是否规范、人员状况是否稳定，以及履约是否正常等。

三、选择供应商的基本流程

供应商的选择是一项复杂、涉及面广的工作，要做好这项工作，企业的决策者需因地制宜，对企业所处的内、外部环境进行详细分析，根据企业的长期发展战略和核心竞争力选择供应商，其基本流程如图 3—2 所示。

1. 分析企业需求特点及供应市场状况

选择供应商首先应了解企业内部采购需求状况，即企业究竟需要什么、需要多少、什么时候需要等问题。采购部门收齐了这些采购需求计划表、请购单以后，要把所有需要采购的物资分类整理统计出来，这样就弄清了需要什么、需要多少、什么时候需要的问题。同时还应进行供应商及供应市场分析，要了解企业有哪些可能的供应商，各个供应商的基本情况如何，并进一步了解、掌握整个供应市场的基本情况和基本性质，为选择供应商作必要的准备。

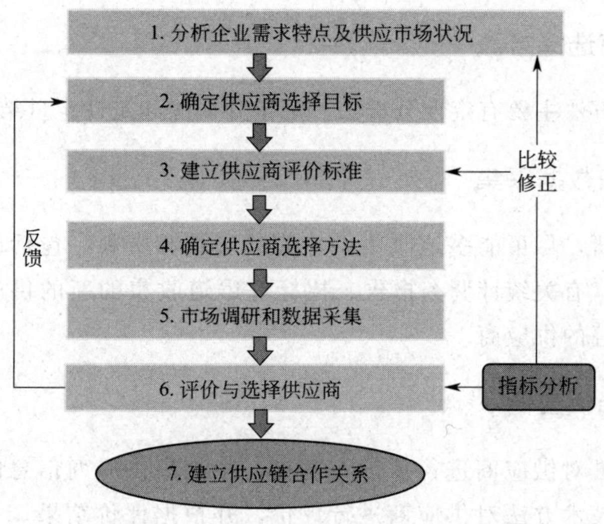

图 3—2 选择供应商的基本流程

2. 确定供应商选择目标

企业在选择供应商时，必须建立实质性的目标。不同的企业，其供应商管理的目标是不同的，只有明确选择目标，才能更好地选择供应商。供应商选择目标主要有：降低采购成本，建立稳定的合作关系，实施有效的供应链管理，获得某种特殊的原材料、零部件。

3. 建立供应商评价标准

供应商评价指标体系是企业对供应商进行综合评价的依据和标准。可以根据系统性、科学性、稳定性、灵活性原则建立供应商评价指标体系。不同行业、企业的物资需求和不同环境下的供应商评价侧重点不同。总体来说，供应商综合评价标准主要有交货时间、质量、价格、服务、柔性、信誉等，见表 3—1。

表 3—1 **供应商综合评价标准**

要素	标准
交货时间	按时供应比例达标
质量	满足企业的质量要求
价格	不高于采购预算价格
服务	以企业的满意度为标准
柔性	能按企业的要求调整供应
信誉	以上标准执行的合格情况

4. 确定供应商选择方法

选择供应商的方法主要有定性分析法、定量分析法和定性定量结合分析法。

5. 市场调研和数据采集

应开展市场调研，尽可能多地收集供应商的名单和资料，包括已有的供应商及从各种展销会、媒体、有关统计调查报告、招标等渠道收集的新的供应商资料，以便从较大范围内找出较好的供应商。

6. 评价与选择供应商

应根据评价标准对供应商进行评价与选择。在收集供应商信息的基础上，就可以利用一定的工具和技术方法对供应商进行评价，并根据评价结果，采用一定的技术方法选择合适的供应商。如果选择成功，可进一步与供应商建立供应链采购合作关系，实行供应链采购管理。

7. 建立供应链合作关系

建立供应链合作关系也是不可忽视的重要环节。企业的决策者应该根据企业的具体情况和市场竞争态势，建立有效的供应链合作关系。在建立供应链合作关系的过程中，市场需求和市场竞争状况将不断变化，可以根据实际情况改变供应链合作关系或重新选择供应商。

四、选择供应商应注意的问题

1. 企业自行生产还是对外采购

如果企业采取自行生产的方式，就不需要对外采购，选择供应商的机会就很少。一般情况下，自行生产的方式越少，外包的比例越高，对外采购的机会就越多，选择供应商的机会也越多。企业通过外包，可以将精力集中在核心业务上，避免了分散精力，可以最大限度地提高企业的效益。

2. 供应商数量的确定

供应商数量的确定即确定是选择单一供应商还是选择多家供应商。向单一供应商采购的优点是供需双方的关系密切，采购品的质量稳定，采购费用低；缺点是无法与其他供应商相比较，容易错过质量、价格更为有利的供应商，采购的机动性小。另外，如果单一供应商出现问题，则会影响本企业的生产经营活动。向多家供应商采购的优缺点正好与此相反。

3. 采购地点的确定

采购地点的确定即确定是本地采购还是外地采购、国内采购还是国际采购。选择本地采购或国内采购的供应商，采购价格可能比较低，由于地理位置近，可以实现准时生产或者零库存策略；选择外地采购或国际采购的供应商，可以扩大供应来源。

4. 采购方式的确定

采购方式的确定即确定是采取直接采购还是间接采购。如果采购数量大或者所需物资对企业生产经营影响重大，则宜采用直接采购，从而避免中间商加价，以降低成本；如果采购数量小或者采购物资对企业生产经营影响不大，则宜采用间接采购，以节省企业花在采购上的精力与费用。

第三节 供应商关系管理与供应商考评

在供应链管理模式下，企业与供应商的关系是一种战略性合作关系，提倡一种双赢机制。企业在采购过程中要想有效地实施采购策略，充分发挥供应商的作用就显得非常重要，采购策略的一个重要方面就是要做好供应商的关系管理，逐步建立起与供应商的合作伙伴关系。

【案例阅读】

某座椅厂同时为M汽车公司和G汽车公司提供座椅，其中，M公司对这家座椅厂的产品质量和服务都感到相当满意，而G公司感到相当不满意，甚至计划中止合作。

原来，M公司有一个专业小组，专门负责与这家座椅厂联络，进行现场的供应商关系管理。当M公司有需求、意见和建议，以及新的发展信息时，这个专业小组会在第一时间与座椅厂协商，及时处理，快速反应；而座椅厂有新的设想等信息时，专业小组也会在第一时间反馈给M公司。这个专业小组还根据M公司的要求、标准对座椅厂相关人员进行技术指导和培训，以实现全面质量管理和准时交付，并有效控制成本，由此产生的效益由双方共享，如成本降低10%后，双方各分享5%。在双方的共同努力下，座椅厂的产品质量不断提高，产品成本不断降低。

可见，不同的供应商关系管理导致了不同的合作效果。M公司与座椅厂的关系非常紧密，供需双方取得了双赢；而G公司与座椅厂的合作关系仅仅建立在正式合同基础上，供应商关系管理不够细致，从而使合作面临困境。

一、供应商的类型

1. 按供应商的重要程度分类

按供应商重要程度的不同，可将供应商分为重点型供应商、伙伴型供应商、商业型供应商和优先型供应商，如图 3—3 所示。

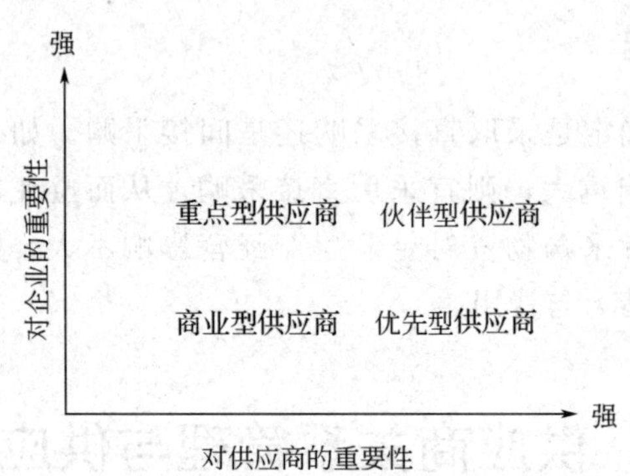

图 3—3 按供应商重要程度分类的供应商类型

(1) 重点型供应商

如果采购业务对企业十分重要，但对供应商却无关紧要，那么这样的供应商就称为重点型供应商，需要注意培养和提高。

(2) 伙伴型供应商

如果采购业务对企业和供应商都很重要，同时供应商自身又有很强的产品开发能力，那么这样的供应商就是伙伴型供应商。

(3) 商业型供应商

如果采购业务对供应商和企业来说均不是很重要，同时企业可以很方便地选择和更换供应商，那么这样的供应商就是商业型供应商。

(4) 优先型供应商

如果采购业务对供应商非常重要，但对企业却并不十分重要，这样的供应商就称为优先型供应商。

2. 按采购品的价值分类

按采购品的价值不同，可将供应商分为重点供应商和普通供应商。

根据采购的 80/20 规则，通常数量占 80％的采购品（普通采购品）占采购品总价值的 20％，而其余数量占 20％的采购品（重点采购品），则占采购品总价值的 80％。

相应地，可以将供应商划分为重点供应商和普通供应商，即以20%数量占据80%价值的供应商为重点供应商，而其余以80%数量占据20%价值的供应商为普通供应商。

对于重点供应商，应投入80%的时间和精力进行管理与改进，这些供应商提供的物资为企业的战略物资或需集中采购的物资。对于普通供应商，则只需要投入20%的时间和精力，因为这类供应商所提供的物资对企业的成本、质量和生产的影响较小。例如，汽车生产企业需要采购的发动机和变速器、电视机生产企业需要采购的液晶显示屏等物资的供应商就属于企业的重点供应商，而这些企业需要的办公用品、维修备件、标准件等物资的供应商则为普通供应商。

3. 按供应商的规模和经营品种分类

按供应商的规模和经营品种不同，可以将供应商分为专家级供应商、行业领袖供应商、低量小规模供应商和量小品种多供应商，如图3—4所示。

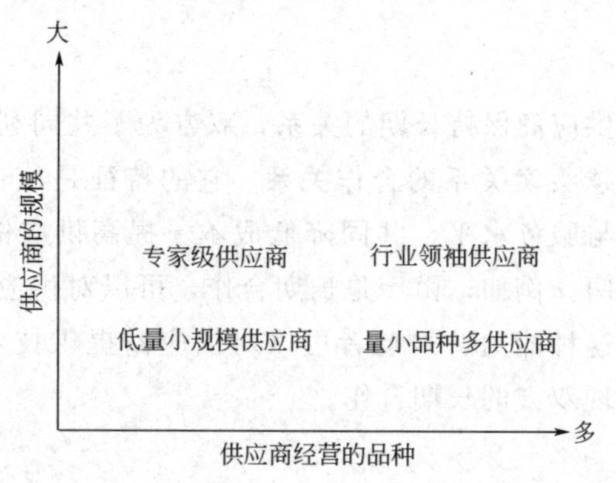

图3—4　按供应商规模和经营品种分类的供应商类型

(1) 专家级供应商

专家级供应商是指那些生产规模大、经验丰富、技术成熟，但经营品种相对少的供应商，这类供应商的目标是通过竞争来占领和扩大市场。

(2) 行业领袖供应商

行业领袖供应商是指那些生产规模大、经营品种也多的供应商，这类供应商财务状况比较好，其目标是立足本地市场，并且积极拓展国际市场。

(3) 低量小规模供应商

低量小规模供应商是指那些经营规模小、经营品种也少的供应商。这类供应商生产经营比较灵活，但是增长潜力有限，其目标仅是定位于经营本地市场。

(4) 量小品种多供应商

量小品种多供应商是指生产规模小，但经营品种多的供应商。这类供应商的财务

状况不是很好，但是其潜力可挖掘。

二、企业与供应商的关系类型

企业与供应商的关系类型包括短期目标型、长期目标型、渗透型、联盟型和纵向集成型。

1. 短期目标型

这种类型最主要的特征是企业与供应商之间的关系为交易关系。双方所做的努力只停留在短期的交易合同上，各自关注的是如何谈判，如何提高自己的谈判技巧，不使自己吃亏，而不是在双赢的基础上使双方的关系获得进一步的发展。当买卖完成时，双方关系也就终止了。双方只有供销人员有联系。

2. 长期目标型

这种类型指企业与供应商保持长期的关系，双方为了共同利益而改进各自的工作，并在此基础上建立起超越买卖关系的合作关系。它的特征是从长远利益出发，相互配合，不断改进产品质量与服务水平，共同降低成本，提高供应链的竞争力。合作的范围遍及企业内的多个部门。例如，由于是长期合作，可以对供应商提出新的技术要求，如果供应商目前还没有这种能力，采购者可以对供应商提供技术、管理、实物、资金等方面的支持，从而实现双方的长期合作。

3. 渗透型

这种关系是在长期目标型关系的基础上发展起来的，其指导思想是把对方视为自身的一部分。为了能够参与对方的业务活动，有时会在产权关系上采取适当的措施，如互相投资、参股等，以保证双方利益的一致性。在组织上也采取相应的措施，保证双方派员参加对方的有关业务活动。这样做的优点是可以更好地了解对方的情况，供应商可以了解自己的产品在对方企业是怎样起作用的，所以容易发现改进的方向，而采购者也可以知道供应商是如何制造产品的，对此可以提出相应的改进要求。

4. 联盟型

这种关系是从供应链角度提出的，它的特点是从更长的纵向链条上管理成员之间的关系。双方维持关系的难度提高了，要求也更高。由于成员增加，往往需要一家处于供应链核心地位的企业出面协调成员之间的关系，它常常被称为“供应链核心企业”。

5. 纵向集成型

纵向集成型是最复杂的关系类型，即把供应链上的成员整合起来，像一家企业一样，但各成员仍是完全独立的企业，决策权属于自己。这种关系要求每家企业在充分了解供应链的目标、要求，充分掌握信息的条件下，自觉作出有利于供应链整体利益的决策。

三、双赢供需关系

双赢供需关系指在相互信任的基础上，供需双方为着共同、明确的目标而建立的一种长期合作关系，它要求双方有着共同的目标，相互信任，共担风险，共享信息，共同开发和创造。这是一种基于相互信任，通过彼此间的信息沟通，实现风险共担和利润共享的关系。

1. 建立双赢供需关系的意义

（1）缩短供应商的供应周期，降低交易成本，提高供应的灵活性

建立双赢的供需关系使得供需双方关系更加稳定，企业就能实现更高效、更专业的生产。基于长久稳定的伙伴关系，企业可以和供应商建立专门的交易过程，包括专业化的后勤系统、特殊的包装、记录保障及控制的独特安排，以及其他相互影响的降低成本的方式，从而缩短供应商的供应周期，提高供应的灵活性。

（2）减少原材料、零部件的库存，降低成本，加快资金周转

由于供需双方建立了双赢的伙伴关系，双方能够共享信息，供应商能够准确地知道企业的生产和库存情况，在需要时及时供货，从而降低了库存成本，减少了企业的资金占用，提高了资金周转速度。

（3）提高供需双方总体经济效益

从理论上来说，企业之间建立战略伙伴关系的效果与企业间纵向整合的效果类似。也就是说，通过上下游企业间的合作或合并，企业在生产、销售、采购、控制等各个领域里，都将获得经济效益或节约成本。显然，两个具有供需关系的企业间的密切合作，可以使不同技术的生产作业联合起来，有利于企业提高生产效率。

【案例阅读】

某汽车公司决定通过实施供应商成本降低计划完善与供应商的关系。很多汽车制造企业都是采用挤占供应商利润的方法以达到降低自身成本的目的，而这家公司决定与供应商一起来研究如何降低零部件的成本。这项计划实施后，各供应商累计提出了上万条建议。即便是一项很小的建议，只要提得合理，公司也都认真采纳。这家公司

由此节省了数十亿美元的开支，而供应商也从该计划中获得了相当的收益。

(4) 降低交易成本

双赢的供需关系使得买卖双方的关系更加密切，使双方可以分摊收集、分析信息的成本，能够减少双方在销售、定价、谈判以及市场交易等方面的部分成本。此外，稳定的关系使得双方可以集中精力发展各自的核心技术，提高产品质量，使企业获得更高的效益。

2. 建立双赢供需关系的实施原则

(1) 创建双赢的前提

在传统的供需关系中，供需双方的利益往往是对立的，一方的获利以对方的利益损失为前提，这样的合作既不深入也难以持续，因此必须转变为双赢的合作关系。而合作的前提必须是对双方都有利，在新的关系模式中双方是伙伴而不是对手。对手之间互相隐瞒计划或意向；伙伴之间则可以自由分享信息，尤其是共享对方的使命、愿景和价值。如果双方有共同的目标，合作就能进行下去并不断发展，因此，创建双赢的前提是非常必要的。

(2) 正确处理交易价格与双方利益的关系

在传统的供需关系中，价格是双方利益冲突的焦点，买方总是设法压低价格，而卖方则恰恰相反。当然，在企业的采购过程中，降低采购成本是非常必要的。但是，如果过分强调节约成本，也会给企业带来不良的影响。如果迫使供应商不断降价，甚至为了获得最低价不惜频繁更换供应商。这样做很容易导致各种不良后果，例如，采购品质量难以保证，供应商延迟交货，供应商根本不能完成工作等，最终对企业产生负面影响。所以，无论是买方市场还是卖方市场，企业都应同供应商建立互惠互利的合作关系，只有双方利益都得到保障，才能更好地保障自己的利益。

(3) 建立信息交流与共享机制

双赢的供需关系要求在企业与供应商之间经常进行有关成本、作业计划和质量控制等信息的交流与沟通，并使供应商参与企业有关产品的开发设计等活动，保持信息的一致性和准确性。必要时，双方还应进行互访，及时发现和解决各自在合作中出现的问题和困难。同时，双方还要利用现代信息技术进行充分交流，保证双方信息的畅通，增进双方的了解。

(4) 对供应商实施有效的激励

建立双赢的供需关系还应该注意要对供应商实施有效的激励。没有有效的激励机制，就不可能维持良好的供应关系。常用的激励措施有给予供应商奖励和赠送股权等，让供应商来分享企业的成功。同时，企业还要对供应商的业绩进行评价，促使供应商不断改进工作。

四、供应商考评

【案例阅读】

TCL公司拥有一整套供应商评价体系，其评价原则也是公司企业文化的一部分。供应商评价工作在TCL公司建立稳定的供应链合作关系、保证产品质量、降低成本、提高经济效益等方面发挥了巨大的作用。建立评价体系通常要确定评价的项目、标准和要达到的目标。这些问题明确以后，要建立相应的评价小组。TCL公司建立了10个评价小组，包括部品采购类、生产设备类、检测设备类、后勤设备类、动力设备类等，并针对每一类都制定了相应的管理办法。

TCL公司主要将供应商分为现有供应商和新的潜在供应商两类进行评价。对于现有供应商，TCL公司每个月都要做一次调查，着重就价格、交货期、进货合格率、质量事故等进行正常评价，每1～2年做一次现场评价。由于TCL公司在行业内是较为领先的企业，因而其供应商在行业内也是很优秀的。对新的潜在供应商的评价过程要复杂一些，在公司产品开发部门提出了对新材料的需求后，公司就会要求潜在的目标供应商提供其基本资料，内容包括公司概况、生产规模、生产能力、给哪些企业供货、ISO 9000认证、安全认证、相关记录、样品分析等，然后进行报价。

同时，由于市场需求和供应都在不断变化，TCL公司在保持供应商相对稳定的前提下，会根据实际情况及时修改供应商评价标准，或重新开始新的供应商评价。目前，TCL公司的供应商基本能做到100%的产品合格率，因此，价格就成了评价的主要因素。TCL公司会要求新的供应商提供一个成本分析表，内容包括生产某一元器件由哪些原材料组成、费用是如何构成的等，通过这些资料来分析其中的价格空间还有多少。如果认为有不合理的因素在里面，就会要求供应商进行调整。

1. 供应商考评的目的

供应商考评是对已经通过认证、正在为企业提供服务的供应商进行的定期监控、考核和评比。企业对供应商的管理应当是动态的，选定供应商后，仍然要对供应商的表现进行持续跟踪和考评。

供应商考评的目的就在于了解供应商的表现，促使供应商提升供应水平，并为供应商奖惩提出依据，确保供应商为企业提供优质的产品和服务，同时进行优胜劣汰，淘汰不合格的供应商，开发有潜质的新供应商，为更好地完成采购活动打下良好的基础。

2. 供应商考评的指标

供应商考评的指标是对供应商进行综合评价的依据和标准，不同行业、不同企业、

不同环境下的供应商考评指标有所不同，但总的来说主要有以下几项：

(1) 质量指标

1) 产品质量指标。产品质量指标是供应商考评最基本的指标，包括来料批次合格率、来料抽检缺陷率、来料在线报废率、供应商来料免检率等。其中，来料批次合格率是最为常用的产品质量考核指标之一。检查方法可分为两种，一种是全检，一种是抽样检验。全检工作量太大，一般采用抽样检验的方法。

来料批次合格率=(合格来料批次÷来料总批次)×100%

来料抽检缺陷率=(抽检缺陷品总数÷抽检样品总数)×100%

来料在线报废率=[来料总报废数(含在线生产时发现的)÷来料总数]×100%

来料免检率=(来料免检的种类数÷该供应商供应的产品总种类数)×100%

2) 工作质量指标。常用的工作质量指标有交货差错率和交货破损率。

交货差错率=(期内交货差错量÷期内交货总量)×100%

交货破损率=(期内交货破损量÷期内交货总量)×100%

(2) 供应指标

供应指标是同供应商的交货表现及供应商管理水平相关的考核因素，反映了供应商的准时交货情况，主要有准时交货率、未按时交货率、订单变化接受率、总供货满足率、总缺货率、交货周期等。

准时交货率=(按时按量交货的实际批次÷订单确认的交货总批次)×100%

未按时交货率=(未按时按量交货的实际批次÷订单确认的交货总批次)×100%

订单变化接受率=(订单增加或减少的交货数量÷订单原定的交货数量)×100%

总供货满足率=(期内实际完成供货量÷期内应当完成供货量)×100%

总缺货率=(期内实际未完成供货量÷期内应当完成供货量)×100%

交货周期是指自订单开出之日到收货之日的时间长度(常以天为单位)。

(3) 价格指标

价格指标就是供货的价格水平。考核供应商的价格指标，可以与市场同档次产品的平均价格和最低价格进行比较，分别用市场平均价格比率和市场最低价格比率来表示。

市场平均价格比率=[(供应商供货价格－市场平均价格)÷市场平均价格]×100%

市场最低价格比率=[(供应商供货价格－市场最低价格)÷市场最低价格]×100%

(4) 支持、配合与服务指标

这些指标主要是考核供应商的协调精神。企业常常会因为环境或具体情况的变化，需要对工作任务进行调整，这种调整可能导致供应商工作方式的变化，这时可以考察供应商的配合程度。相关的指标具体如下：

1) 反应表现。供应商对订单、交货、质量投诉等反应是否及时，答复是否完整，对退货、换货等是否及时处理。

2）合作态度。供应商是否将本企业看成是重要客户，是否能配合并满足本企业的要求。

3）共同改进。供应商是否积极参与本企业相关的质量、供应、成本等改进活动，配合本企业开展质量体系审核等。

4）其他支持。供应商是否积极接受本企业提出的有关参观、访问请求，是否积极提供本企业要求的新产品报价与送样，是否保证不与影响本企业切身利益的相关企业或单位进行合作等。

3. 供应商考评的方法

供应商考评的方法有调查表法、现场打分法、供应商综合审核法、总体成本法和线性权重法等。具体如下：

（1）调查表法

该方法是将事先准备好的标准格式的调查问卷分给不同的供应商填写，然后收回进行比较的方法，常用于招标、询价和初步了解供应商的情况。但有些供应商为了突出自己或获得订单，并不如实填写问卷，从而使获得的信息失真，因此此方法并不完善。

（2）现场打分法

该方法是预先准备好一些问题并设计为表格，再组织有关人员到现场进行核查、确认。同调查表法相比，此方法获得的信息更加真实有效。

（3）供应商综合审核法

该方法是针对供应商进行的全面审核，它通常需要质量、工程、企划、采购等专业人员参与，并将问卷调查与现场打分结合起来进行。

（4）总体成本法

该方法耗资巨大但十分有效，着眼于降低供应商的总体成本，从而达到降低采购价格的目的。它需要供应商的通力合作，由采购者组织专家团队对供应商的财务及成本进行全面、细致的分析，找出可以降低采购成本的方法，并要求供应商付诸实施与改进，改进后的收益则由双方共享。少数跨国企业曾使用这种方法来降低成本并借此提升供应商的综合管理水平。

（5）线性权重法

该方法是目前供应商考评最常用的定量方法。其基本原理是给每个考评指标分配一个权重，每个供应商的定量考评结果为该供应商各项指标的得分与相应考评项指标权重的乘积之和。比较各供应商加权计算结果后，进行供应商的排名。

【案例阅读】

某企业按如下权重来评价其供应商：产品质量占 40 分，价格占 35 分，合同完成

率占 25 分。企业根据供应商供货统计资料（见表 3—2），对供应商进行了考评。

表 3—2 供应商供货统计资料

供应商	收到的产品数量(个)	验收合格数量(个)	单价(元)	合同完成率(%)
甲	3000	2920	88	98
乙	3400	3200	86	92
丙	600	480	93	95
丁	1300	1200	90	100

根据上表的数据，按线性权重法计算，企业得出供应商的综合分数如下：

甲：(2920/3000)×40＋(86/88) ×35＋0.98×25＝97.64(价格取最低价格,下同)

乙：(3200/3400)×40＋(86/86) ×35＋0.92×25＝95.65

丙：(480/600)×40＋(86/93) ×35＋0.95×25＝88.12

丁：(1200/1300)×40＋(86/90) ×35＋1×25＝95.37

企业规定得分为 90～100 分的为 A 级供应商，得分为 75～89 分的为 B 级供应商。因此，企业得出结论：甲、乙、丁为 A 级供应商，丙为 B 级供应商。

4. 供应商考评的步骤

供应商考评通常分为以下几个步骤：

(1) 确定考评对象

企业与供应商的关系有多种类型，在考评之前必须确定考评对象是哪一种类型的供应商。一般来说，考评对象大多是愿意与企业建立供应链合作关系的供应商。

(2) 制定考评目标

进行供应商考评，首先应建立考评目标。例如，以提高供货质量为目标，以降低成本为目标，或以提高整体绩效综合评价为目标等。目标确定之后才能对供应商进行考评。

(3) 组建考评小组

企业还应建立考评小组，组员以来自采购、质量、生产、技术等与供应商合作关系密切的部门的成员为主，组员必须有团队合作精神。考评小组必须同时得到企业和供应商最高领导层的支持。

(4) 建立考评指标体系

供应商考评指标体系是企业对供应商进行考评的依据和标准，根据考评目标的不同，应建立不同的指标体系。建立指标体系要遵循系统全面性、简明科学性、稳定可比性、灵活可操作性的原则。表 3—3 为某企业根据考评指标体系设计的供应商绩效考评表。

(5) 选择考评方法

供应商考评的方法很多，但大多选用综合评判法。

(6) 进行考评

在上述工作基础上，考评小组利用一定的工具和技术方法进行供应商的考评。

(7) 分析考评结果

首先要对考评的最终结果进行认真分析，包括总体的服务水平、采购成本的大小和结构、现有供货能力与企业要求和目标的差距等。然后要对其原因进行分析，提出相应的改进措施，并进一步分析改进过程中的制约因素是什么，应采取什么样的措施才能消除这些制约因素。这个过程非常重要，它涉及此后供应商的使用、激励，以及与供应商建立何种关系等问题。

表 3—3　　某企业供应商绩效考评表

供应商名称			联系人		
地址与邮编			联系电话		
指标	权重	计算方法		得分	考核人
价格	最高分为40分，标准分为20分	根据市场最高价、最低价、平均价、自行估价制定一定标准价格，对应分数为20分 每高于标准价10%，标准分扣2分；每低于标准价1%，标准分加2分 同一供应商供应多种物料，得分按平均计算			
质量	30分	以批退率考核： 批退率=（退货批次÷交货总批次）×100% 得分=30分×（1－批退率）			
交货	20分	以逾期率考核： 逾期率=（逾期批次÷交货总批数）×100% 得分=20分×（1－逾期率） 此外，逾期1天，扣1分；逾期造成停工待料1次，扣2分			
配合度	10分	出现问题，不配合解决，每次扣1分 在企业会议上正式批评或抱怨，每次扣2分 顾客批评，每次扣3分			

注：1. 得分为85～100分者为A级，A级为优秀供应商，可加大采购量。

2. 得分为70～84分者为B级，B级为合格供应商，可正常采购。

3. 得分为60～69分者为C级，C级为应辅助供应商，需进行辅助，可减量采购或暂停采购。

4. 得分为59分及以下者为D级，D级供应商为不合格供应商，应予以淘汰。

5. 供应商考评结果的处理

企业对供应商的管理不是单向的，而是需要与供应商建立合作伙伴关系，以便共同发展。因此，企业应将考评结果反馈给供应商，与供应商共同探讨提高合作效率的途径。对于考评结果，企业可以根据分项指标和综合指标来加以分析，对不同的供应商采用不同的处理方案。

（1）继续深入合作

对于考评的各项指标及综合指标得分都比较高的供应商，企业应进一步与其加强合作，并设法与其建立长期的战略伙伴关系，采用更强的激励措施，使其更好地为企业服务。

（2）维持现有状态

如果供应商总体考核结果较好，但个别指标需加以改进，则企业应继续与其合作，并指出其不足，要求其加以改进。有些供应商尽管存在问题较多，但对企业很重要，若能对其不足之处加以改进，达到企业要求，也可继续维持合作关系。

（3）减少采购量或淘汰

对于存在问题较多的供应商，企业可暂停或减少对其的采购量，而后根据其改进结果再作出继续使用或淘汰的决定。

【案例阅读】

某企业的供应商考核方案

一、目的

为保证本公司所需物资得到有效、及时供应，保证本公司产品质量的稳定和提高，特制定此方案，以不断改善公司的采购工作，提高供应商的供货能力。

二、适用范围

本方案适用于向本公司提供产品（外购、外协）及服务的供应商的评估、考核及选择。

三、职责划分

副总经理负责供应商考核结果的裁决，采购部负责供应商交货期指标与其他部分指标的评分，质量管理部负责供应商所供应产品的质量及其他相关方面的评分。

四、考核实施细则

1. 考核类别

考核分为月度考核与年度考核两种。

2. 考核项目及评分标准

对供应商的考核，主要从产品质量状况、产品交付情况、产品价格水平、服务质量与管理能力5个方面进行，其评分标准见表3—4。

表3—4　　供应商考核评分标准

考核内容及权重		考核标准	分数		考核得分
考核内容	权重系数	评分标准	最高分	最低分	
产品质量状况	60%	主要从进料检验合格率与现场生产不合格率两方面考核。进料检验合格率应达到____%，每低1%，减____分；现场生产不合格率应低于____%，每高1%，减____分			
交付情况	15%	准时交货率应达到____%，每低1%，减____分			
价格水平	10%	与同类产品采购价格的市场平均水平相比较，划分为偏高（____分）、相同（____分）、偏低（____分）三个等级			
服务质量	10%	满意度评价应达到____分，每低5分，本项评分减____分			
管理能力	5%	从管理人员的流动率、员工培训状况、企业发展前景等方面进行考核，具体考核标准根据公司管理能力制定			

五、考核结果及运用

将对供应商的考核结果和运用方式分为4个类别，具体内容见表3—5。

表3—5　　供应商考核结果分类及运用

考核结果	供应商类别	考核结果运用
90～100分	一级供应商	优先采购
80～89分	二级供应商	继续合作，但要求其对不足之处予以改善
70～79分	三级供应商	要求其对不足之处予以改善，根据改善后的结果决定是否进行采购或减少采购等
69分及以下	四级供应商	暂停或减少对其的采购数量，并通知供应商改进供货工作

思考练习题

1. 供应商开发的步骤是什么？

2. 选择供应商时，应该考虑哪些条件？

3. 采购者和供应商为什么要建立双赢的供需关系？

4. 供应商考评有哪些指标？

5. 案例分析：某公司决定采用线性权重法来考评某物料供应商。公司将供应商分为A、B、C、D四个等级，A级为优等供应商，B级为良好供应商，C级为一般供应商，D级为准合格供应商。供应商考核表中需要考核的内容有产品质量、价格、合同完成率三类指标，每项指标的权重依次为0.5、0.3、0.2。公司规定，得分为90～100分者为A级，得分为80～89分者为B级，得分为70～79分者为C级，得分为50～69分者为D级。现已知该公司供应商上期统计资料表（见表3—6），试分别按照质量指标、价格指标和合同完成率指标考评供应商，并分别填写表3—7、表3—8和表3—9，评定四个供应商的等级，以确定最终供应商。

表3—6　某公司供应商上期统计资料表

供应商	供应次数(次)	履行合同次数(次)	收到商品数量(个)	验收合格数量(个)	单价(元)
甲	5	3	4500	4100	85
乙	4	3	3800	3650	80
丙	4	3	3000	2900	75
丁	3	3	2500	2450	82

表3—7　按质量指标考评供应商

供应商	收到商品数量(个)	验收合格数量(个)	产品质量合格率(%)	质量等级(A、B、C、D)
甲	4500	4100		
乙	3800	3650		
丙	3000	2900		
丁	2500	2450		

表3—8　按价格指标考评供应商

供应商	单价(元)	市场均价(元)	市场平均价格比率(%)	价格等级(A、B、C、D)
甲	85	80		
乙	80	80		
丙	75	80		
丁	82	80		

表 3—9 按合同完成率指标考评供应商

供应商	供应次数(次)	履行合同次数(次)	合同完成率(%)	履约等级(A、B、C、D)
甲	5	3		
乙	4	3		
丙	4	3		
丁	3	3		

第四章 采购谈判

第一节 采购谈判概述

谈判是指人们为了改善彼此之间的关系而进行相互协调和沟通，以在某些方面达成共识的行为和过程。采购谈判是指在采购者与供应商之间所进行的贸易谈判。

采购谈判的目的是：一是获得供应商质量好、价格低的产品；二是获得供应商比较好的服务；三是在发生采购品差错、事故或损失时获得合适的赔偿；四是当发生纠纷时能够妥善解决问题，不影响双方的关系。

一、采购谈判的原则

采购谈判的原则决定了谈判者在谈判中采用什么谈判策略和谈判技巧，这些原则主要有以下几条：

1. 诚信原则

这是采购谈判首先必须遵守的原则，它有两方面的含义。一方面，各方要有合作的诚意。在谈判中，双方的关系既有竞争的一面，又有合作的一面。但从根本上说，谈判各方是为了取得谈判成功才到一起来的。因此，在谈判过程中，各方都应抱有合作的诚意，以诚相待，将己方的观点、要求明确地摆到桌面上来，求同存异，相互理解，这样会大大提高工作效率和增加相互信任。另一方面，在谈判签约后，各方也应高度重视信用，遵守诺言，建立一种互相信任的关系，为签约后的长期合作打下基础。

2. 双赢或多赢原则

双赢或多赢原则是指谈判应使各方都取得利益，谈判取得成功的唯一标志是达成了对各方都有利的协议，而绝不是一方全胜，一方皆输。另外，人们在同一事物上的利益不一定就是矛盾的和此消彼长的关系。谈判各方很可能有不同的利益，在利益的选择上有很多途径。例如，一项商品出口贸易的谈判中，卖方关心的可能是货款能否一次性结算，而买方关心的是商品质量是否属于一流。因此，谈判的一个重要原则就是协调双方的利益，提出互利性的选择。

3. 明确目标原则

按照从高到低的顺序，可将谈判目标分为最优期望目标、实际需要目标、可接受目标和最低目标。

（1）最优期望目标

在实践中，最优期望目标通常是可望而不可即的，很少有实现的可能，但是最优期望目标往往是谈判进程开始的话题。

（2）实际需求目标

实际需求目标是谈判各方根据主客观因素，考虑到各方面的情况，经过科学论证、预测及核算后，纳入谈判计划的正式谈判目标，也是谈判者要调动各种积极因素，使用各种谈判策略，力争要达到的利益目标。如果谈判者一开始就亮出其实际需求目标，那么，他将没有讨价还价的余地，最终反而达不到实际需求目标。

（3）可接受目标

可接受目标介于实际需求目标和最低目标之间。在谈判过程中，由于对方能力有限，或者由于客观条件限制，不能达到实际需求目标时，应及时调整自己的利益目标，制定出相应的可接受目标。

（4）最低目标

最低目标是谈判者必须死守的“最后防线”。如果没有最低目标作为心理底线，谈判当事人容易产生盲目乐观，会对谈判过程中出现的众多意料不到的情况缺乏充分的思想准备。同时，明确最低目标也就知道了谈判有无继续进行下去的必要。

谈判目标的确定是一个非常关键的工作。首先，不能盲目乐观地将全部精力放在争取最优期望目标上，而很少考虑谈判过程中可能会出现的种种困难，造成束手无策的被动局面。谈判目标要有一点弹性，定出上、中、下限目标，根据谈判实际情况随机应变，调整目标。其次，所谓最优期望目标不仅有一个，可能同时有几个。在这种情况下就要将各个目标进行排序，抓住最主要的目标并努力实现，而其他次要目标可让步或降低要求。最后，己方最低目标要严格保密，除参加谈判的己方人员之外，绝对不可透露给谈判对手。如果一旦疏忽大意透露出己方最低目标，就会使对方主动出击，使己方陷于被动。

4. 注重长期合作原则

谈判者应该有战略的眼光，不过分看重或计较一时一事的得失，更应注重长远，着眼未来。有时，利益差距过大会使谈判不成功，这是正常的。但是，如果能在谈判的过程中建立、维护和保持双方的友好合作关系，就可以为今后的合作开辟广阔的道路。

5. 合法原则

任何谈判都是在一定的法律约束下进行的，谈判必须遵循合法原则。合法原则是指谈判及合同的签订必须遵守相关的法律法规，它主要体现在三个方面：一是谈判主体必须合法，二是谈判客体必须合法，三是谈判各方在谈判过程中的行为必须合法。只有在谈判中遵守合法原则，谈判及其协议才具有法律效力，当事各方的权益才能受到法律保护。

二、采购谈判的内容

1. 采购品

采购的对象主要是采购品，对采购品的谈判有的复杂，有的简单，这主要取决于采购品的数量、品种、型号。如果采购品数量少，品种型号单一，相关谈判就比较简单；如果采购品数量多，品种型号也多，相关谈判就比较复杂。一般来说，采购品谈判的内容包括品种、型号、规格、数量、商标、外形、款式、色彩、质量标准、包装等。

2. 采购价格

采购价格是采购谈判的核心内容，是谈判双方最为关心的问题。通常，双方都会进行反复的讨价还价，最后才能敲定成交价格。采购价格谈判还包括数量折扣、退货损失、市场价格波动风险、采购品保险费用、售后服务费用、技术培训费用、安装费用等内容。例如，买方可以以提高采购量为条件要求卖方降低价格，这是数量折扣的谈判。

在采购谈判中，既要以价格为中心，坚持自己的利益，又不能局限于价格，而应该拓宽思路，设法从采购品质量条件、付款条件等方面争取应得的利益。

3. 其他内容

采购谈判的内容还包括交货时间、付款方式、违约责任和仲裁等。

第二节　采购谈判准备

【案例阅读】

我国某冶金公司计划向美国某公司购买一套先进的生产设备。在和美方谈判前，我方做了充分的准备工作，查阅了大量的相关背景资料，将国际市场上该种设备的行情以及美国公司的历史和现状、经营情况等调查得一清二楚。谈判开始时，美方一开口要价 159 万美元，我方列举近期历次市场成交价格，最后终于以 80 万美元达成协议。

当谈判购买另一套冶金设备时，美方最初报价 230 万美元，经过讨价还价让步到 130 万美元，但我方仍坚持出价 100 万美元。美方表示不愿意继续谈下去，扬言要回国，而我方并不阻拦。此时，冶金公司的其他人有些着急，甚至埋怨我方谈判人员不该咬这么紧。我方谈判人员却胸有成竹。果然，一个星期后，美方又回来继续谈判。最后双方以 101 万美元达成了这笔交易。

我方之所以能取得谈判的胜利，关键在于谈判之前的准备工作很充分。这样，在讨价还价的过程中能做到据理力争、心中有数，最终能争取到合理的价格。

人们常说，“不打无准备之仗”，谈判也是这样。采购谈判准备是很重要的，绝对不能轻视，很多谈判者都是因为事前没有充分准备，而在谈判中处处被动，处于下风。采购谈判能否取得成功，不仅取决于谈判桌上的唇枪舌剑、讨价还价，而且有赖于谈判前充分、细致的准备工作。可以说，任何一项成功的谈判都建立在良好的准备工作基础之上。虽然谈判的情况各异，很难统一谈判的准备形式，但谈判准备的内容大致相同，主要包括组建谈判队伍、收集分析谈判资料和信息、制定谈判方案、进行谈判预演等。

一、组建谈判队伍

谈判的主体是人，因此，筹备谈判的一个重要工作内容就是人员准备，也就是组建谈判队伍。谈判队伍的素质及内部分工协作水平是非常重要的。

1. 谈判队伍的规模

组建谈判队伍的首要问题是应该选择多少人。一般而言，谈判人数的多少没有统一的标准，谈判的具体内容、性质、规模，以及谈判人员的知识、经验、能力不同，谈判队伍的规模也不同。实践表明，直接参与谈判的人不宜过多。国外多数谈判专家

认为，理想的谈判人数应尽量控制在小范围内，人数越少，谈判人员越容易协同一致，越容易管理，理想的人数应为4～6人。如果谈判涉及的内容较广泛、较复杂，需要由各方面的专家参加，则可以把谈判人员分为两部分：一部分主要从事背景材料的准备，即台下当事人，人数可适当多一些；另一部分直接参与谈判，即台上当事人，人数以与对方相当为宜。谈判中应注意避免对方出场人数很少而己方人数很多的情况。

2. 谈判人员应具备的素质

谈判是一种对思维要求较高的活动，是谈判人员之间知识、智慧、勇气、耐力等素质的较量。素质不仅指谈判人员的文化、技术水平和业务能力，也包括谈判人员的心理控制能力等。一个优秀的谈判人员应具备以下素质：

（1）良好的职业道德

这是谈判人员必须具备的首要条件，也是谈判成功的必要条件。采购谈判人员是特定组织的代表，代表组织的利益，有时还肩负着维护国家利益的义务和责任。因此，谈判人员必须遵纪守法，廉洁奉公，忠于国家、组织和职守，要有强烈的事业心、进取心和责任感。

（2）健全的心理素质

谈判是各方之间精力和智力的较量，较量的环境在不断变化，对方的行为也在不断变化，要在较量中达到特定目标，谈判人员就必须具有健全的心理素质。

健全的心理素质是谈判人员素养的重要内容之一，表现为谈判人员应具备坚忍顽强的意志力、强大的自制力和良好的协调能力等。

（3）合理的学识结构

采购谈判人员既要知识面宽，又要在某些领域有较深的造诣。也就是说，采购谈判人员不仅在横向方面要有宽广的知识面，而且在纵向方面也要有较深的专业知识深度。

从横向方面来说，采购谈判人员应当具备的知识包括：我国有关经济贸易的方针政策及我国政府颁布的有关法律和法规，某种产品在国际、国内的生产状况和市场供求状况，有关产品价格水平及其变化趋势的信息，产品的技术要求和质量标准，有关国际贸易和国际惯例知识，市场营销知识，可能涉及的各种业务知识和金融知识等。

从纵向方面来说，采购谈判人员应当具备的知识包括：丰富的专业知识（包括产品的生产过程、性能及技术特点），某种（类）商品的市场潜力或发展前景，丰富的谈判经验及处理突发事件的能力，一门外语（最好能直接用外语与对方进行谈判），谈判心理学和行为科学。

（4）谈判人员的能力

谈判人员的能力是指谈判人员驾驭采购谈判这个复杂多变的“竞技场”的能力，是谈判人员在谈判桌上充分发挥作用所应具备的主观条件。它主要包括采购人员的认知能力、运筹计划能力、语言表达及交际能力、应变能力等。

3. 谈判人员的配备

（1）技术精湛的专业人员

熟悉生产技术、产品性能和技术发展动态的技术人员、工程师在谈判中负责有关产品技术方面的问题，也可以与谈判人员配合，为价格决策作技术参谋。技术精湛的专业人员是谈判组织的主要成员之一。

（2）业务熟练的业务人员

这类谈判人员主要由熟悉贸易惯例和价格谈判条件，了解交易行情的有经验的公司主管或业务人员担任。

（3）精通法律的法务人员

重要的谈判项目必须让法务人员参与。如果谈判小组中有一位精通法律的法务人员，将会非常有利于谈判所涉及法律问题的顺利解决。法务人员一般是由律师或既掌握经济学知识又精通法律专业知识的人员担任，通常由特聘律师或企业法律顾问担任。

（4）口语熟练的翻译人员

在国际场合的采购谈判，翻译是谈判双方进行沟通的桥梁。翻译人员一般由熟悉外语和企业相关情况、纪律性强的人员担任。翻译人员的职责在于准确传递谈判双方的意见、立场和态度。一个出色的翻译人员不仅能起到语言沟通的作用，而且能够洞察对方的心理和发言的实质；既能改变谈判气氛，又能挽救谈判失误，增进谈判双方的了解、合作和友谊。因此，采购谈判对翻译人员的素质有很高的要求。

（5）谈判首席代表

谈判首席代表是指那些对谈判负领导责任的高层次谈判人员，其在谈判中的主要任务是领导谈判组织的工作。这就决定了他们除具备一般谈判人员必须具备的素养外，还应经验丰富、目光远大，具有审时度势、随机应变、当机立断的能力，有善于控制与协调谈判小组成员的能力。他们是富有经验的谈判高手。

（6）必要的记录人员

记录人员在谈判中也是必不可少的。一份完整的谈判记录既是一份重要的资料，也是进一步谈判的依据。为了出色地完成谈判的记录工作，记录人员要有熟练的文字记录能力，并具有一定的专业基础知识。其具体职责是准确、完整、及时地记录谈判内容。

二、收集分析谈判资料和信息

准确可靠的采购谈判资料和信息是了解对方意图、制订谈判计划、确定谈判策略的基本前提和依据。采购谈判的资料信息收集包括采购需求分析、资源市场调查和谈判对手情报收集。

1. 采购需求分析

要进行采购谈判，首先要明确己方的采购需求，即采购什么、采购多少、什么时候采购以及怎样采购，只有明确了需求，才能制定准确的采购谈判目标。采购需求分析是采购谈判的重要基础。

2. 资源市场调查

资源市场调查就是运用科学的方法，系统地搜集、记录、整理有关采购资源市场的信息和资料，分析资源市场供求情况，了解资源市场的供求现状及其发展趋势。只有准确掌握资源市场的实际情况，才能在采购谈判中做到进退有据。

3. 谈判对手情报收集

谈判对手情报主要包括对方企业的发展历史、组织特征、产品技术特点、市场占有率、供货能力、价格水平、付款方式、资信情况、合作欲望和谈判目标，以及参加谈判人员的资历、地位、性格、爱好、谈判风格及模式等。另外，还需了解谁是谈判首席代表，其权限、能力、特长及弱点是什么等，这些都是必不可少的情报资料。了解了这些情报之后，谈判前即可以思考己方如何扬长避短、因势利导。

三、制定谈判方案

采购谈判方案通常包括采购谈判目标、采购谈判程序、采购谈判时间、采购谈判策略四项基本内容。

1. 采购谈判目标

采购谈判目标指明谈判的方向和要达到的具体目标，以及采购企业对本次谈判的期望水平。采购谈判目标多是以满意的条件采购到所需要的物资，确定正确的采购谈判目标是实现谈判成功的基础。在准备谈判方案时，采购谈判目标可分为三个层次：

一是理想目标，即谈判者通过谈判所要达到的上限目标，是己方所要努力争取的目标；二是必须达成的目标，即谈判者通过谈判所要达到的下限目标，是绝对不能被突破的目标，毫无讨价还价的余地；三是立意目标，即介于理想目标和必须达成目标之间的目标。

当然，要具体确定某个项目的谈判目标是一件复杂的事情，要依据对许多因素的综合分析才能作出判断。首先，要对谈判双方各自优势、劣势进行分析。例如：如果对方是己方唯一选择的供应商，则对方处于十分有利的地位，己方的目标就不要定得太高；反之，如果己方有许多潜在的供应商，那么对方显然处在较弱的地位，己方的目标就可相应定得高一点。其次，要考虑今后是否会与谈判对手保持长期的业务合作关系。如果这种可能性较大，就要着眼于和对方建立友好、持久的关系，本着实事求是的态度，确定合理的谈判目标。此外，交易本身的性质和重要程度、谈判与交易的时间限制等因素，在确定谈判目标时也是必须考虑的。

2. 采购谈判程序

采购谈判程序是指对谈判起始点、展开过程及结束点的设计或预测。这个设计与预测是对谈判的总体运动过程的分析，也是谈判前的演练——“沙盘作战”或“谈判模拟”。不论谈判项目大小，这个准备内容不可或缺。

(1) 起始点

起始点设计是指对谈判开场的设计。谈判人员应根据不同谈判对开场的要求，设定不同的开场形式。例如，双方先互赠礼品，或先回顾历史（有历史关系或约定时），或先讨论谈判日程、方式、人员安排等，以使开场达到气氛、布局的要求。

(2) 展开过程

展开过程的设计是指对谈判各项议题的先后次序及双方互动条件的设定。例如，技术、服务、价格、供货、合同条款等，谁先谈、谁后谈，各议题谈的条件、退的条件，或各议题交错谈判的条件等，均应结合谈判对象的特点、交易物、交易方式，以及谈判议题的内在逻辑关系予以初步设定。

(3) 结束点

结束点的设计是指对结束条件及结束方式的设定，也是对谈判收尾的预测。结束条件原则上以谈判目标为参照。当双方分歧很大时，结束条件一般是各方自持的条件，即未达成协议的各自坚持的条件。而结束方式有很多种，它取决于由谁（如主持人、负责人、领导）出面结束，以及在什么时候、什么地点（如会议室、住所、宴会厅）来宣布结束。

3. 采购谈判时间

采购谈判时间是指对有效完成谈判过程的时间段的设定。由于时间会从时空与心

理上对谈判产生影响，因此不能忽略谈判时间的重要作用。

4. 采购谈判策略

确定采购谈判策略的第一步是分析预测在交易的各项条款中，哪些条款是对方重视的，哪些是对方最想得到的，哪些是对方可能作出让步的，让步的幅度有多大等。第二步是分析预测在己方争取最重要条款时，将会遇到哪些方面的阻碍，对方会提出什么样的交换条件等。第三步是确定己方针对以上情况应采取怎样的策略。

四、进行谈判预演

为了更直接地预见谈判的前景，对于一些重要和难度大的谈判，可以在谈判之前进行一次预演，以改进和完善谈判的准备工作。谈判预演即正式谈判前的“彩排”，可将谈判小组一分为二，一部分人扮演谈判对手，并以对手的立场、观点和作风与另一部分谈判人员交锋，预演谈判的过程。

1. 谈判预演的假设条件

要使谈判预演做到真正有效，还有赖于拟定正确的假设条件。

拟定假设条件是指根据某些既定的事实或常识，假定某些事实，并在此基础上进行推理。依照假设的内容，可以把假设条件分为三类，即对客观情况的假设、对谈判对手的假设和对己方的假设。但是，谈判者必须牢记，自己所作的假设只是一种推测，如果把假设当作必然去谈判，将是非常危险的。

拟定假设条件的关键在于提高假设的精确度，使之更接近事实。为此，在拟定假设条件时应注意：要让具有丰富谈判经验的人做假设，这些人经验丰富，提出的假设往往比较接近实际；必须按照正确的逻辑进行推理，遵守事物的一般规律；必须以事实为基准，所拟定的事实越多、越全面，假设的准确度就越高；要正确区分事实与经验、事实与主观臆断，只有事实才是靠得住的。

2. 谈判预演的总结

谈判预演的目的在于总结经验，发现问题，提出对策，完善谈判方案。所以谈判预演的总结是必不可少的。谈判预演的总结应包括：对方的观点、风格、精神，对方的反对意见及解决方法，己方的有利条件及运用状况，己方的不足及改进措施，谈判所需情报资料是否完善，双方各自的妥协条件及可共同接受的条件，谈判破裂与否的界限等。

可见，采购谈判总结涉及各方面的内容，只有通过总结，才能积累经验，吸取教训，完善采购谈判的准备工作。

第三节　采购谈判过程与技巧

采购谈判各方在做了各种准备工作之后，就要开始面对面地进行实质性的谈判工作。采购谈判过程可能是多轮次的，要经过几轮谈判；谈判过程也可能要经过多次的反复，才能达成一致。不论谈判过程时间长短，谈判双方都要各自提出自己的交易条件和意愿，然后就各自希望实现的目标和相互间的分歧进行磋商，最后消除分歧达成一致。这个过程依次为开局阶段、报价阶段、磋商阶段和结束阶段。掌握采购谈判的每个阶段，完成每一环节的任务，顺利实现双赢的结果是采购谈判的重要任务。

一、开局阶段

谈判开局阶段主要指谈判双方在进入具体交易内容的洽谈之前，彼此见面，互相介绍、寒暄以及就谈判内容和谈判事项进行初步接触的过程。好的开端是谈判成功的一半。在采购谈判中，谈判开局是双方真正走到一起，进行直接的接触和沟通。这一阶段的目标就是为开始实质性谈判创造良好条件。为实现这一目标，开局阶段主要有 4 项任务。

1. 明确谈判的具体事项

谈判的具体事项主要包括目标、计划、进度及成员 4 个方面的内容。谈判双方初次见面，首先要互相介绍谈判人员的基本资料，包括姓名、职务和谈判角色等。然后谈判双方要明确共同追求的合作目标，进而根据各自的具体情况，磋商并确定谈判的大体议程和进度，明确需要共同遵守的纪律和共同履行的义务等问题。明确这些具体问题，是为了使谈判双方统一认识，明确规则，安排议程，掌握进度，增进了解。

2. 创造良好的谈判气氛

谈判开局气氛对整个谈判过程起着相当重要的作用。良好的谈判气氛能使谈判各方心情愉悦，增进相互间的信任感和合作诚意。紧张的气氛则容易导致双方的戒备和猜忌。谈判气氛是谈判对手之间的相互态度，它能够直接影响谈判人员的情绪和行为方式，进而影响整个谈判的各个环节。虽然谈判气氛在谈判不同阶段会呈现不同的状态，但通常在开局阶段形成的谈判气氛最为重要，往往贯穿始终，所以在开局阶段应尽可能营造有利于谈判的气氛。

3. 开局摸底

开局摸底就是指通过初步接触，探测对方的目标、意图和可能的让步程度。通过摸底，可以大致了解对方的目标期望值，并进一步发现双方共同获利的可能性。

在开局摸底阶段，双方各自陈述自己的观点和愿望，并提出谈判应涉及的问题及问题的性质、意义，以及希望取得的利益和谈判的立场，陈述的目的是使双方了解彼此的意愿。通过摸底，谈判者应考察清楚对方的品质，了解对方的诚意和真实需要，设法了解对方的谈判经验和作风，对方的优势和劣势，了解对方每一位谈判人员的态度和期望，甚至要弄清对方认为有把握的和所担心的是什么，是否可以加以利用等。

此外，还要设法了解对方在谈判中坚持的原则，以及在哪些方面可以作出让步。双方经过简要的介绍和陈述后，谈判者应注意从对方的言谈举止中获取对己方有利的信息。要观察对方团队中有诚意合作和正直坦诚的人，与他们沟通可能事半功倍；同时，还要注意领会对方谈话所包含的信息，这些信息可能反映了对方的真实意图。通过摸底，可以大致了解对方的目标期望值，并进一步发现双方共同获利的可能性。

4. 修正谈判计划

如果已经获得了许多有价值的信息，就应对此作出进一步的谨慎分析；如果已经大致了解对方的期望、立场，初步分析了谈判人员的背景、工作作风，双方就应对一些基本问题达成一致意见。此时，若发现双方在对一些问题的看法上有明显分歧，就需要通过进一步谈判予以调整并修正谈判计划。应当重新审视与检验己方原先在哪些方面估计不足或判断失误并予以修正，这不仅是为了争取谈判中的主动，维护自身利益，也是为了推动整个谈判的进程。

至于谈判的规程、计划、进度，双方既已达成一致，则应遵照不误。一个双方认同的谈判目标和计划会对以后的谈判起到积极的作用。在谈判初始阶段，即使已经掌握了一些信息，也不应过早地对对方的意图形成固定的看法。对于这些信息，还要随着谈判向实质性阶段的过渡作出更深入的分析。

二、报价阶段

谈判双方在结束了非实质性交谈以后，就要将话题转向有关交易内容的正题，即开始报价。报价阶段一般是采购谈判由横向铺开转向纵向深入的转折点。报价以及随之而来的磋商是整个谈判过程的核心和最重要的环节，决定了这笔生意是否成交，或者一旦成交，盈利能有多少。

这里所说的报价，不是仅指在价格方面的要价，而是泛指谈判的一方对另一方提出的所有条件，包括采购品的数量、质量、包装、价格、装运、保险、支付、商检、索赔、仲裁等交易条件，其中价格条件具有重要的地位，因为其余的交易条件最终都会体现在价格的变化上。一般情况下，谈判都是围绕价格进行的。

1. 报价的原则

（1）合理确定开盘价

实际谈判过程中的最初报价称为开盘价。对于采购者而言，开盘价一般是以不能突破的最低底盘价报出的期望值。有的专家认为，买方在开盘时报出的期望价，理所当然是“最低价”，这是因为，开盘价给买方今后的报价设置了限制。通常情况下，买方报出了开盘价后就没有机会再报出更低的价格了。同时，开盘价报得越低，下一步价格磋商的余地就越大，在面对可能出现的意外情况或对方提出的各种要求时，就可以作出更为积极有效的回应。

（2）报价应严肃、果断、清晰

报价严肃，可使对方相信报价方的准确性和坚定性。报价时果断、毫不犹豫，才能给对方留下认真而诚实的印象。报价要非常清晰，切忌含含糊糊，否则容易使对方产生误解或异议。所以，在一些重大的谈判中，有必要采取书面报价的形式。

（3）避免主动解释

报价方对所报价格不要作主动解释和评论。在对方提出问题前，如果报价方主动解释或说明报价，不仅会暴露报价方的意图、实力等秘密，而且在对方看来，报价方会显得信心不足。如果对方对报价有不清楚或不满意的地方，会主动提出质疑。

2. 选择报价时机

报价的先后对实现各方既定的谈判利益具有重要的意义。先报价有利有弊。有利的一点是，首先提出自己上界值的一方将对对方心理产生影响，它实际上等于为谈判划定了基准线，在谈判中可影响对方的期望值；另一方若不想在谈判刚开始时就使谈判破裂，就很难提出与对方报价相差太大的要求，这实际上是先报价者为谈判划了一个范围，最终的合同在这个范围内展开，而且第一个报价在整个谈判和磋商中都会持续起作用。另外，如果报价方报价不在对方的预料之内，往往会打乱对方的计划，动摇对方的军心，减弱对方的自信。所以，先报价比后报价影响要大得多。但是先报价也有很大的风险，即很可能报价方提出的要求不够高，这样报价方可能丢掉很多利益，也可能报价方开始时的要求过高，使对方认为报价方没有足够的诚意，并可能导致对方对报价方的信誉产生怀疑。如果后报价，显然就不存在先报价的风险，可以后发制人，但也失去了先报价的优势。

【案例阅读】

美国加州一家机械厂的老板哈罗德准备出售三台淘汰的设备，有一家公司闻讯前来洽谈。哈罗德准备开价 36 万美元，即每台 12 万美元。当谈判进入实质性阶段时，哈罗德先生正欲报价，却突然停住，决定先听听对方的意见。结果，对方在对几台设备的磨损与故障做了一系列分析评价后说："我公司最多只能以每台 14 万美元的价格买下这三台设备，多一分钱也不行。"最后双方顺利成交。

报价的先后对实现各方既定的谈判利益具有重要的意义。正是由于哈罗德让对方先报价，而对方的报价超出了他的心理价位，他才获得了更多的利益。

应注意的是，到底是应该先报价，还是等待对方开价后再还价，无论对于买方还是卖方都没有定论。一般来说，是否先报价应考虑以下因素：

（1）谈判者对谈判标的和市场行情的了解

如果谈判者准备充分，知己知彼，就要争取先报价。如果谈判者不是行家，而对手是行家，则谈判者要沉住气，后报价，从对方的报价中获取信息，及时修正自己的想法。如果谈判对手也是外行，则不管自己是不是行家，都要争取先报价，以便牵制、诱导对方。

（2）谈判人员的经验

如果双方谈判人员都拥有丰富的谈判经验，那么彼此驾驭谈判活动的机会是较为均等的，谁先报价一般都无碍大局。如果对方是谈判专家，而己方人员缺乏必要的谈判经验，则让对方先报价可能更为有利。因为在这种情况下，可避免过早暴露己方的弱点，对方难以在一开始就向己方施加压力。

（3）商业习惯

一般的商业习惯是发起谈判的一方通常应先行报价。在有些谈判中，报价的先后次序也有一定的惯例，例如，商品买卖谈判多是由卖方先报价，买方还价，与之相反的做法则比较少见。

（4）与谈判者的关系

如果对方是老客户，双方有较长时间的业务往来，彼此比较信任，合作气氛较浓，而且双方合作得不错，那么通常谁先报价就无关紧要。

3. 如何对待对方的报价

在对方报价时，要想在后面的报价中获得更为有利的形势，就应该正确对待对方的报价。

在对方报价的过程中，切忌干扰对方的报价，而应认真听取，完整、准确、清楚地把握对方报价的内容。在对方报价结束后，己方应将对对方报价的理解进行归纳总结，并加以复述，以确认自己的理解准确无误，对不清楚的地方可以要求对方予以解答。同时，己方还可以要求对方对所报价格的构成、报价依据、计算的基础和方式方法等作出详细的解释，以此来了解对方报价的实质、意图和诚意，从中寻找破绽并加以利用。对方完成价格解释后，可以要求对方降价，在实在得不到答复的情况下再提出自己的报价。

三、磋商阶段

在采购谈判中，当一方报价后，很少出现另一方马上接受的情况。通常，买卖双方要经过一番讨价还价，最后才能达成协议。这个讨价还价的过程就是采购谈判的磋商过程。它是谈判的关键阶段，也是最困难、最紧张的阶段，而且在这个阶段，谈判的策略和技巧也是最丰富的，谈判人员要掌握其规律和特点，为己方争取更多的利益。

1. 磋商阶段应遵循的原则

（1）把握气氛

进入磋商阶段以后，谈判双方要针对对方的报价讨价还价。双方之间难免要出现提问和回答、质疑和解释、指责和反击、请求和拒绝、建议和反对、进攻和防守，甚至会发生激烈的辩论和无声的冷场。因此，在磋商阶段仍然要把握好谈判气氛，如果开局阶段已经营造出友好合作的气氛，进入磋商阶段后仍然要保持好。只有良好的合作气氛才能使磋商顺利进行。这就需要谈判者既要自我约束，杜绝粗暴、任性、骄横的做法，又要尊重对方、礼貌待人。

（2）把握次序逻辑

把握次序逻辑是指按磋商议题内涵的次序逻辑确定谈判的先后次序和进展层次。在磋商阶段，双方都面临着很多需要沟通的议题，如果不分先后次序，不讲究磋商进展的层次，想起什么就争论什么，就会毫无头绪，造成混乱，毫无效率可言。因此，必须按照一定的规律来确定谈判议题的先后次序。

1）议题的合理排序。各谈判议题有天然内在的因果关系。只有正确排序，才能提高谈判效率。双方磋商开始时要确定几个主要的议题，按照其内在逻辑关系确定先后次序，然后逐题磋商。排列具体议题顺序时，可以先磋商对其他议题有决定意义的议题，待此议题达成共识后再讨论其他议题；也可以先磋商双方容易达成共识的议题，将问题比较复杂、双方认识差距大的议题放在后面讨论。

2）论述的层次顺序。这是纵向的逻辑次序，是指对于单个议题的磋商，谈判者也要注意逻辑次序。单个议题也存在内在逻辑次序，要考虑将最容易讲清楚、最有说服力的内容作为磋商的切入点，避免在一些不容易说清楚的话题上争论不休，影响对重要问题的磋商。例如，价格问题涉及成本、市场供求和比价等多方内容，可以先用比

价论述，再作成本分析。

3）把握节奏。磋商阶段的谈判节奏要稳健，不可过于急促。因为这个阶段是解决分歧的关键时期，双方对各自观点要进行充分的论证，许多认识有分歧的地方要经过多次交流和争辩，而且某些关键问题一轮谈判不一定能达成共识，要多次重复谈判才能完全解决。一般来说，双方开始磋商时，节奏要放慢一点，因为此时双方都需要时间和耐心倾听对方的观点，了解对方，分析研究分歧的性质和解决分歧的途径。关键性问题涉及双方的根本利益，双方必然会坚持自己的观点，不肯轻易让步，这有可能使谈判陷入僵局，所以磋商要花费较多的时间。谈判人员要善于掌握节奏，不可急躁，稳扎稳打，步步为营，一旦出现转机，要抓住有利时机不放，加快谈判节奏，不失时机地消除分歧，争取达成一致意见。

4）注重沟通和说服。磋商阶段实质上是谈判双方相互沟通、相互说服、自我说服的过程。没有充分的沟通，没有令人满意的说服，就难以产生积极成果。首先，双方要善于沟通。这种沟通应该是双向的和多方面的。一方既要善于传播己方信息，又要善于倾听对方信息，并且积极向对方反馈信息。没有充分的交流沟通，就会在偏见和疑虑中产生对立情绪。沟通的内容也是多方面的。既要沟通交易条件，又要沟通相关的理由、信念、期望，还要交流情感。其次，双方要善于说服，要充满信心地说服对方，让对方感觉到己方合作的诚意，感觉到己方提议是最佳选择。说服的准则是从求同开始，解决分歧，达到最后的求同，求同既是起点，又是终点。

在谈判中，当卖方已报价且针对买方的问题作出价格解释后，买方如果认为离期望目标太远，或不符合期望目标，必然会要求卖方调整报价。当卖方重新报价后，买方会再次进行还价。这一阶段会重复多次，这就是磋商中的讨价还价环节。当双方激烈争论、僵持不下时，就要有一方作出让步，或者双方都调整己方的期望值。这就形成了磋商过程中的让步环节。

2. 磋商中的讨价还价

（1）讨价的技巧

如果客户的购买力较强，卖方可适当将价格报高一些，反之则报低一些。如果客户性格比较直爽，不喜欢兜圈子讨价还价，则最好一开始就亮出底牌，以免报出的高价把客户吓跑。如果客户对产品和价格非常熟悉，建议采用对比法，突出自己产品的优点。如果客户对产品不是很熟悉，可以更多地介绍该产品的用途及优点，同时价格可适当报高一点。如果有些客户对价格特别敏感，分毫必争，而客户又看重产品，则在谈判时一定要有足够的耐心，要会和客户打心理战。

（2）还价的方式

还价的方式主要有笼统还价和具体还价。两种方式各有特色，应视具体条件选择使用。

笼统还价买方即从总体条件上或从构成技术或商业条件的所有方面向卖方提出重新报价的要求。该种还价方式常常用于卖方报价后的第一次还价，或用于最后结束时的还价，在交易复杂又缺乏详尽参考资料的情况下，也可以使用该方式从宏观的角度去压价，笼统地提出要求，从而不泄露已掌握的准确资料。

具体还价即买方就分项报价内容逐一要求卖方调整报价。具体还价要求谈判目标具有较强的准确性和针对性，需将谈判内容进行细分。谈判内容可以按内容的性质分，如运输费、保险费、技术费、设备条件、资料、技术服务、培训、支付条件等；也可按各项内容的谈判余地大小分，余地大的放在一类，余地小的放在另一类。分类的目的在于体现具体性，分类是提高谈判准确性的务实做法，便于提出不同程度、不同理由的还价。在具体还价时，一般从余地最大的交易条件开始。

（3）还价的次数

一般每一次还价如果能得到一次改善的报价，则对买方有利。不过，所有的卖方都会坚守自己的价格立场。买方还价的次数应根据价格分析的情况、卖方价格解释和价格改善的状况而定。只要卖方没有大幅度的明显让步，就说明其留有很大的余地，而且只要买方有诚意，卖方就会再次调整报价。只有不被卖方迷惑，买方才有可能争取到比较好的价格。卖方为了自己的利益，一般在调整两次价格后就不会再报价了，并会以委婉的方式表示不可以再让了，如“这是我最后的立场”“你们若是钱少，可以少买些”等。此时，买方要注意卖方的动向，不应被其迷惑，只要卖方报价没有实质性改变，买方就应根据报价的情况、余地的大小、谈判人员的权限、卖方成交的决心、双方关系的好坏等，尽力争取对己方有利的价格。

（4）还价的基本要求

1）做好准备。谈判不是一个简单的压低价格的过程，它必须建立在企业的利益分析、市场调查和货比三家的基础上，在此基础上确定自己的还价。同时，还应规范条件。例如，如双方差距是以数字表示，则应确定是以万元（内贸）、万美元（外贸）还是以百分数（%）表示，彼此统一，便于还价。此外，还要注意厘清分歧。这个工作可以双方一起实施，互相核对，确认分歧情况，作为前一阶段谈判的小结；也可以单方面实施，不过应注意，既不要把达成协议的问题当作分歧，也不要把分歧当成协议。

2）步步为营。还价时应根据成交条件顽强谈判。出手时间可依对方松紧调整，也可依己方目标实现情况及己方所掌握的情况自定，例如，在对方出两手后再出一手，或己方出两手而要求对方必出一手。此时应谨记最低追求目标，又突出紧逼对手的谈判风格。

3）统筹兼顾。价格既涉及技术问题，又涉及策略问题，包含的内容非常广泛。因

此，在还价时，不能仅把目光集中在价格上，应当通盘考虑，把价格与技术、服务等各个方面结合起来，统筹兼顾，这样才能使谈判更加富有意义，同时也可以缓和还价中存在的矛盾。

4）注意保密。还价阶段的保密主要涉及谈判底线、记载方式和面部表情。谈判底线不能泄露给对手。虽然在集体谈判中，可以集体参与制定方案，但谈判底线的确定权应在企业高层与谈判的主谈人、负责人手中。记载己方和对方的条件时，要求均不用笔纸而是用脑记。对于十分复杂非记不可的问题，如调价的公式等，记录用的笔记本不能离手，或者仅记对方开出的条件。谈判人员不能将内心的情绪反映在脸上，情不自禁、缺乏控制力的人易泄密，应予以注意。

（5）还价的技巧

1）避实就虚。这种技巧是指，为达到某种目的，有意识地将谈判的议题引导到较为次要的问题上，然后在这些次要的问题上大做文章，以分散对方在主要问题上的注意力，从而在对方无警觉的情况下实现己方的谈判意图。例如，当双方最为关心的是价格问题时，采购者可以将谈判的焦点不直接放在价格上，而是放在交货期上，在还价时可以主动在交货期上做出让步，并相应地要求对方在价格上也做出让步，这样对方感到满意，己方的目的也达成了。

2）欲擒故纵。如果谈判双方势力均衡，采购者应该设法掩藏购买的意愿，不要明显表露非买不可的心态。此时，采购者应采取若即若离的姿态，从试探性的询价着手。若能判断供应商有强烈的销售意愿，再要求更低的价格，并作出不答应即行放弃或另行寻求其他来源的表示。如果采购者的需求相当迫切，通常可同意略提价后迅速成交。如果采购者并不急迫，可表明绝不加价之意，对方极可能同意采购者的低价要求。

3）差额均摊。如果双方互不相让，谈判很容易失败。因此，为了促成双方的交易，最好的方式就是采取“中庸”之道，差额均摊，即将双方议价的差额各承担一半，最终达成双赢结果。

4）最后期限。当谈判双方各持己见、争执不下时，处于主动地位的一方可以利用处于被动地位一方希望谈判达成的心理，提出解决问题的最后期限和解决条件。这就是借助人的心理定式，既给对方造成压力，又给对方一定的时间考虑，随着最后期限的到来，对方焦虑的心理会与日俱增。迫于此种压力，对方很可能会最终同意己方的价格条件而达成交易。

3. 磋商中的让步

在采购谈判磋商阶段，对己方条件做一定的让步是双方必然的行为。如果谈判双方都坚持自己的阵线不后退半步，谈判永远也达不成协议，谈判目标也就无法实现。

谈判人员都要明确自己要达到的最终目标，同时还必须明确为达到目标可以或愿意做出哪些让步，做多大的让步。让步体现了谈判者用主动满足对方需要的方式来换取己方需要的精神实质，是磋商交易阶段的重要内容。以什么方式、在什么时间让步并不容易把握。因为让步直接牵涉到利益的问题，所以，在让步前应进行通盘考虑。

（1）让步的原则

不要做无谓的让步，每次让步都要换取对方在其他方面的相应让步。让步要恰如其分，使己方较小的让步能带给对方以较大的满足。在己方认为重要的问题上要力求对方先让步，而在较为次要的问题上，根据情况己方可以考虑先让步。不要承诺做同等幅度的让步。例如，对方在某一条款上让步60%，而己方在另一项目上让步40%。做出让步时要三思而行，不要随随便便、掉以轻心。谈判者要知道，每一次让步都实实在在地包含着己方的利润损失或者成本增加。如果在价格上做了不妥的让步，那就要当机立断，寻找理由借口推倒重来，以免错过时机。要使对方觉得己方让步不是件轻松的事，这样对方就会珍惜所得到的让步。一次让步的幅度不要过大，节奏不宜太快，应做到步步为营。

（2）让步的时机

1）以退为进。经过双方较量，己方已有收获，即对方已有让步，如果己方想再有所收获，则需做出让步，此时应退让。

2）无理则退。经过谈判论战，己方理不如人，并且已难说服对方让步。此时若不退，就会大损形象，故此时己方应退让。

3）陷入僵局时退。当双方僵持太久，谈判人员心情烦闷，有厌战、失望情绪，而谈判又需有结果，不越过眼前障碍则危及将来成果时，需主动考虑退让。不过，主动让步时要慎选让步的项目与条件。原则上应注重效果，不注重分量。在对方把某些妥协作为前提，如有“不同意×问题，其他免谈”“我方已让到头了，贵方不让步，谈判无法进行”等说法时，让步条件可能会具有相当分量。此时，可以考虑拖延让步时间。拖延的目的是等到有明确条件后再谈，相当于在次要问题上进几步后再出大手笔，以平衡让步分量。

【案例阅读】

M公司是G公司的原材料供应商，双方已有多年的合作，相互关系比较融洽。最近由于石油涨价，M公司的成本大幅提高。现在又到了两公司每季度供应价格谈判的时候，根据惯例，M公司按石油涨价的幅度提高了报价，但G公司不同意涨价，要求维持原来的价格。经过多轮磋商，谈判依然没有进展。M公司销售部负责该项目的经理和市场部相关人员进行了仔细研讨，发现G公司最近的资金流有问题，应收账款增加很快，M公司作为战略合作伙伴，不能坐视不管。因此，M公司在谈判中主动提出改变付款方式，从原来预付30%货款改成预付20%货款。这样减轻了G公司的现金压

力，同时使其资金周转加快。方案提出后，G公司没有提出任何异议，并很快接受了M公司的报价。

在M公司和G公司的谈判磋商中，M公司并没有只把谈判焦点放在价格上，而是找出G公司不接受涨价的原因，从其他方面给予优惠，使双方能顺利达成协议。由此可以看出，价格条款是和其他条款有内在联系的，当价格谈判陷入僵局时，聪明的谈判者应学会在其他条款上适当做出让步，从而推动谈判的顺利进行。

四、结束阶段

随着磋商的不断深入，谈判双方在越来越多的事项上达成共识，彼此在立场与利益等方面的差异逐步缩小，确定最终交易条件已经成为双方共同的要求，此时采购谈判将进入结束阶段。

结束阶段应遵循的原则主要有以下几点：

1. 力求尽快达成协议

结束阶段是谈判最容易出问题的阶段。已商讨过并达成一致的内容和条件要尽快以协议的形式确认。谈判的成果要靠严密的协议来确认和保证，协议是以法律形式对谈判成果的记录和确认。所以，结束阶段的首要目标就是尽快使已取得的谈判成果达成协议，取得双方的确认。

2. 尽量保证已取得的利益不丧失

经过长时间紧张的谈判，谈判人员认为谈判已大功告成，原本紧张的情绪逐渐松弛下来，此时的精力已不充沛，注意力很容易分散，判断很容易出现偏差，给谈判留下隐患。对方也有可能对磋商阶段的让步反悔，所以在最后阶段要尽量保证已取得的利益不丧失。

3. 争取最后的利益收获

通常在双方大致确定交易的内容、条件，即将签约的时候，精明的谈判人员往往还要利用最后的机会，争取最后的一点收获。在成交阶段取得最后利益的常规做法是，在签约前突然提出一个小小的请求，要求对方再做出一点点让步。由于谈判已进展到签约的阶段，谈判人员已付出很大的努力，也不愿为这一点点小利而伤了友谊，更不愿为这点小利重新回到磋商阶段，因此，往往会很快答应这个请求，尽快签约。

思考练习题

1. 采购谈判的原则有哪些?

2. 采购谈判的主要内容有哪些?

3. 采购谈判人员应该具备哪些素质，合理的谈判队伍组成结构应该是怎样的?

4. 谈判准备时，应该收集哪些资料和信息?

5. 如何设计采购谈判程序?

6. 谈判过程中，在不同的阶段讨价还价应该注意哪些问题?

第五章　采购合同

在采购谈判结束后，都需要签订书面采购合同。一个优秀的采购人员只有具备相当的合同法律知识，懂得识别各种采购中的实际风险，能够利用完备有效的采购合同条款规避风险，应对争议，才能保证采购工作的顺利进行，保障企业经营的正常运转。

第一节　采购合同概述

合同又称契约。《中华人民共和国合同法》将合同定义为“平等主体的自然人、法人、其他组织之间设立、变更、终止民事权利义务关系的协议”。采购合同是一种经济合同，是法人之间为实现一定的经济目的，明确相互的权利义务关系而签订的书面契约。

一、采购合同的定义与特点

采购合同是采购者与供应商经过谈判协商，一致同意签订的“供需关系”的法律性文件。它是买卖合同的一种，是明确平等主体的自然人、法人、其他组织之间设立、变更、终止采购过程中的权利义务关系的协议，是确立采购关系的法律形式。

采购合同的特点是：具有明确的目的性，是转移标的物所有权或经营权的合同；采购合同的主体比较广泛；采购合同是当事人之间的合法行为；采购合同与流通过程密切相关。

二、采购合同的分类

1. 按采购内容分类

按采购内容不同，采购合同可分为货物采购合同、工程项目采购合同和服务采购合同。按照联合国国际贸易法委员会1994年通过的《贸易法委员会货物、工程和服务采购示范法》第2条的定义，“货物”是指各种各样的物品，包括原料、产品、设备，固态、液态或气态物体和电力，以及货物供应的附带服务，条件是那些附带服务的价值不超过货物本身的价值；“工程”是指与楼房、结构或建筑物的建造、改建、拆除、修缮或翻新有关的一切工作，如工地平整、挖掘、架设、建造、设备或材料安装、装饰和修理，以及根据采购合同随工程附带的服务，如钻挖、绘图和其他类似服务，条件是这些服务的价值不超过工程本身的价值；“服务”是指除货物或工程以外的任何采购对象。

2. 按采购职能的范围和目标分类

按采购职能的范围和目标不同，采购合同可分为商业采购合同、政府采购合同和制造业采购合同。商业采购是商业领域为转售而进行的货物储存行为，以营利为目的，如批发商、零售商的进货采购等。商业采购中最大的部分是零售贸易采购，它将大宗商品从农场或工厂采购过来，然后销售给最终消费者。采购是所有商品零售组织极其重要的职能。政府采购是指中央和地方政府以及其他公共服务部门为提供公共服务而进行的采购，不以转售和营利为目的。制造业采购是为了制造、加工货物或材料而进行的采购。采购也是制造企业的重要工作，制成品的大部分成本来自所采购的原料。

3. 按合同支付方式分类

按合同支付方式不同，采购合同一般可分为固定价格合同、成本加酬金合同和固定工资合同。

（1）固定价格合同

固定价格合同具体又可以分为以下4种：

1）不变固定价格合同。不变固定价格合同又称不变价合同，即合同订立的价格在履行中不再发生变化。在不变固定价格合同中，供应商要保证成功地满足合同中的逐项要求，包括在合同允许的工作时间内完成供应工作，同时也必须担负圆满完成工作的财务责任。采购者和供应商都无权擅自对合同中规定的价格和进度进行变更。采购者有义务支付合同中规定的固定价格，但对供应商完成合同工作的实际成本可以不予考虑。

大多数不变固定价格合同是通过竞争性招标确立的，但是对于某些特定采购项目，采购者也可以通过成本分析和谈判与供应商达成不变固定价格合同。

2）可变固定价格合同。由于价格变更通常是由经济因素引起的，因此可变固定价格合同有时又称为“带有经济价格调整条款的固定价格合同”。这种合同是指，当出现合同规定的成本和价格因素变动时，可以对合同价格作出调整。这些因素可以是价

格指数，或者是整个行业领域内价格水平的变化，且多为当期合同所不能控制的外生变量。其结果是将通货膨胀等因素造成的价格或成本变化风险从供应商转移给采购者。

3）固定价格再确定合同。固定价格再确定合同的作用是推迟了最终的价格谈判，直到合同已履行到一定程度，履行成本已经明了，可以使双方预测和谈判完成合同所需的最终成本和价格。当通过谈判确定了价格后，就将重新确定的价格规定在合同中。这种定价安排的主要优点是可以推迟对合同价格作出决定，缺点是谈判管理过于复杂，并且缺乏更有效的措施激励供应商高效率地完成工作。

4）固定价格努力程度定期合同。固定价格努力程度定期合同通常用于有限范围内的研究工作。这种合同使供应商工作计划获得确定的预算支持，并且使对采购的监督活动减少到最少。一般在采购者对供应商的技术专长和执着精神有高度信心的情况下，可以签订这种类型的合同。

（2）成本加酬金合同

成本加酬金合同确立的基础是，采购者将补偿供应商在履行合同义务过程中负担的成本。这种合同要求供应商向采购者公开成本记录。例如，在政府采购中，供应商须向政府审计员提供账册记录，以便对供应商要求补偿的成本进行认证。成本加酬金合同分为以下4种：

1）成本加激励费用合同。这种合同是双方确定一个完成工作的“目标成本”。低于目标成本时的节余和高于目标成本时的超支都可以在合同履行完毕时由双方共同分担。虽然这种合同在订立前没有确定一个封顶价，使得执行起来无法确定最大可能的成本预算，但是在一定程度上能够激励供应商提高工作效率和有效性，使其产生控制成本的动机。

2）最高价格限制的目标成本激励合同。最高价格限制的目标成本激励合同的作用是为了克服成本加激励费用合同的缺陷，对目标成本引入一个最高限价，这样采购者在合同订立时就可以知道其最大可能的成本预算是多少。

3）成本加奖励付费合同。成本加奖励付费合同采用奖励付费的定价形式，即采购者需补偿供应商完成工作的成本，并且通常还对供应商完成工作支付一笔最低的固定费用。一般情况下，只有政府采购机构才采用成本加奖励付费合同，有时工业采购人员也会采用这种合同来完成某些特定的合同工作。

4）成本加利润百分比合同。成本加利润百分比合同在日常工作中简称为成本附加。这种合同是以供应商在完成工作和提供服务时所负担的合理成本为基础，再加上按照成本的百分比计算的金额作为利润。

（3）固定工资合同

固定工资合同的基本特点是，在合同订立时，确定一个对直接从事合同工作人员的补偿价格。例如，如果合同要求进行工程设计，在合同中就规定供应商对该项工作的每一个人员每小时或每天进行工程设计所付出的工作补偿价格，该固定价格包括基本工资、保险、税金、工具开支、监督管理开支、现场及办公室各项开支以及利润。

固定工资合同主要有以下两种：

1）劳动工时合同。劳动工时合同一般只对供应商投入工作的直接劳动力确定补偿工资。

2）工时及材料合同。工时及材料合同除了固定工资外，还规定完成特定工作所需要的材料成本。在一般情况下，固定工资合同严格限制供应商提供材料，但工时及材料合同却提供了这样的一种补偿机制。这种合同一般用于聘请咨询专家或管理代理人。

三、采购合同的主要内容及条款

采购合同的种类繁多，可以根据交易的性质和方式制定不同的内容和条款。一般来说，一份合同由许多内容和条款组成，按照条款性质不同可将合同条款分为通用合同条款和专用合同条款两类。采购合同的通用合同条款是合同中最重要的部分，一般不可修改。通用合同条款根据采购对象不同而各有侧重，主要包括以下内容：

1. 定义

定义是对合同中专用的基本名词进行解释，以明确其含义，并对合同中出现的英文缩写给出全称的注释。

2. 当事人的名称（姓名）和住所

确定合同的主体，首先应当在合同中确定当事人的名称（姓名）和住所。当事人的住所是表明当事人主体身份的重要标志。

3. 标的物

标的物是采购合同双方当事人权利义务指向的对象。采购合同不规定标的物，就会失去目的和意义。标的物条款必须写明标的物的名称，以使标的物特定化。

4. 数量

标的物的数量是确定采购合同标的物的具体条件之一。标的物的数量要确切，应选双方共同接受的计量单位，使用双方认可的计量方法。标的物的数量属于采购合同

成立应当具备的必要条款。

5. 质量

标的物的质量是确定采购合同标的物的具体条件，一般包括两个方面的要求：一是标的物的品种和规格，通常指标的物的型号、批数、尺码、级别等；二是标的物的内在质量，通常指标的物达到的功效，并且不含隐蔽瑕疵、缺陷等。

6. 专利权

专利权是维护知识产权、保护采购者利益的重要条款。它要求供应商保证采购者在所在国使用其产品、服务及任何部分都不受第三方关于侵犯专利权、商标权或者工业设计权的指控。任何第三方如果提出侵权指控，应由供应商与第三方交涉，并承担可能发生的一切法律责任和费用。

7. 履约保证金

履约保证金是供应商为顺利执行合同项下的义务提供的一种资金担保，目的是避免或减轻由于供应商的违约而给采购者造成的经济损失。

一般规定，供应商应在合同订立后 30 天内，按合同条款规定的金额（一般为合同中采购金额的 10%）向采购者提供履约保证金。通常情况下，对于简单货物或无质量保证期的货物，供应商履行交货义务并经验收后，采购者应在 30 天内退还保证金。对于有保证责任的货物，保证期不足一年的，采购者在交货验收后将履约保证金减至 5%，保证期满后将履约保证金全部退还给供应商。对于保证期超过一年的，采购者在第一年保证期满后将履约保证金减至 2%，保证期满后将履约保证金全部退还给供应商。

如果供应商在执行合同过程中有违约行为并给采购者造成经济损失，采购者有权没收其履约保证金，且无须得到供应商的同意。

8. 履行期限、地点和方式

履行期限是有关当事人实际履行合同的时间规定，它可以规定为即时履行，也可以规定为定时履行，还可以规定为一定期限内履行。

履行地点是指当事人依据合同规定履行其义务的场所。在许多合同中，履行地点是确定验收地点、运费由谁负担、风险由谁承担、标的物所有权是否转移、何时转移的依据，也是确定诉讼管辖的依据。对于涉外采购合同纠纷而言，履行地点还是确定适用法律的一项依据。

履行方式是指当事人履行合同义务的方式。例如，在履行交付标的物的义务中是一次性交付还是分批交付，是交付实物还是交付提取标的物的单证等，这些都关系着当事人的利益。

9. 价款

价款是采购者取得标的物所应支付的代价，采购合同应当对价款或报酬的数额、币种及不同币种之间的汇率作出明确的规定。价款一般指标的物本身的价款，但因为商业上的大宗采购一般是异地交货，便产生了保险费、装卸费、运输费、报关费等一系列其他费用。这些费用由谁支付，须在采购合同的价款条款中写明。

10. 支付

支付是指供应商向采购者交付标的物后，采购者向供应商支付标的物价款、运费、杂费和其他费用的方式。为便于支付，合同中应注明双方当事人的开户银行、账户名称、账号和结算单位。对于支付条款，其主要内容是确定付款时间和付款方式。

（1）付款时间

付款时间一般分三种：一是交货前付款，指签订合同后即付款，这种方式大多用于零星采购和机械设备采购，一般合同中的约定预付金也属此类；二是交货时付款，这种方式一般用于国内现货采购，国际采购中的即期信用证付款也属此类；三是交货后付款，国内采购常用此法，国际采购中的远期信用证付款或分期付款也属此类。

（2）付款方式

在国际采购中大多采用非现金结算，即使用代替现金作为流通和支付手段的信贷工具来进行支付。支付的方式可分为汇付、托收和以信用证方式付款三大类。

11. 包装

标的物的包装有两层含义：一是放置标的物的容器，一般称为包装材料；二是包装标的物的操作过程。在采购合同中应明确约定包装的方式，包括包装材料、装潢、包装费用承担等内容。除国家规定由采购者提供的以外，包装物由供应商提供，运输包装上的标记由供应商印刷，包装费用由供应商负担，不得向采购者另外收取。如果采购者有特殊要求的，双方应在合同中约定。包装费用超过原定标准的，超过部分由采购者负担；包装费用低于原定标准的，供应商相应降低供货价格。

12. 运输

运输条款是采购者与供应商就货物的运输方式、交货时间、装运地和目的地、能否分批装运和转运等问题达成的协议，并在合同中进行具体、明确的规定。

(1) 运输方式的选择

合同中应规定选择海洋运输、铁路运输、航空运输、公路运输、内河运输、小邮包运输、集装箱运输还是采用国际联运方式进行运输。

(2) 选定装运货物时间

合同中可以规定具体的装运时间，也可以规定在收到信用证或信汇、电汇、票汇后某一时间内装运。

(3) 确定起运地和目的地

确定起运地和目的地时要注意装卸地的设施和条件，以及地名有无重名等问题。

(4) 确定是否分批装运和转运

一般来说，允许分批装运和转运对供应商有利，国际惯例和各国合同法中对有关分批装运和转运的做法和规定不一，因此在合同中应明确合同双方协商作出的选择。

13. 检验标准和方法

采购合同应对检验标准、检验期限、检验依据，以及对标的物质量和数量提出异议和给予答复的期限作出明确的规定。为确保供应商所交货物与合同相符，采购者有权在不增加额外费用的条件下对货物进行检验。若经检验货物与合同不符，采购者可拒收，供应商应负责免费更换和修理。

14. 保险

在货物含保险的到岸价合同中，保险合同是由供应商出资订立；而在出厂价格合同中，则是由采购者出资投保或委托供应商投保。保险合同的受益人都是采购者，保险的货币应是合同货币或合同采购者接受的其他可自由兑换货币，投保的险种至少为一切险。

15. 合同的修改

合同的修改是指由于情况发生变化或有新的采购要求，合同的一方当事人提出对合同条件进行改动，合同的修改必须由合同双方签字同意，并分送有关各方。

16. 违约责任

违约责任是指因违反有效的合同义务而承担的责任。违约责任是促使当事人履行义务，使非违约方免受和少受损失的法律措施，直接关系着当事人的利益。合同对此应予以明确规定。一般可选择和解、调解、仲裁或者诉讼作为采购合同违约责任的处理方式。

17. 不可抗力

不可抗力是指供应商无法预测或预见的、非供应商过失的意外情况。遭遇不可抗力时，采购者不应没收供应商的履约保证金、收取损失赔偿金或因此违约终止合同。意外情况发生后，供应商应立即将意外情况的原因和证明材料书面通知采购者，并且供应商应在合理范围内继续履行合同。

18. 合同使用的文字及其效力

合同使用的文字及其效力是涉外采购合同的重要条款，也是使用不同语言的当事人之间的重要条款。在涉外采购合同中，双方当事人应就合同所使用的文字、有关合同的全部通信及文件所使用的文字作出明确的约定。

19. 合同的生效条件

合同生效通常是以满足以下一种或几种情况为条件：

主管部门批准合同，采购者收到供应商提交的履约保证金，采购者取得进口许可证或供应商取得出口许可证，双方授权代表在合同上签字。

【案例阅读】

原料采购合同模板

合同编号：

需方：　　　　　　（以下简称甲方）

供方：　　　　　　（以下简称乙方）

甲、乙双方经协商同意，根据《中华人民共和国合同法》的规定，订立合同如下：

第一条　甲方向乙方订货总值为人民币____元，其产品名称、规格、质量（技术指标）、单价、总价等如下表所列：

材料名称	规格(mm)及型号	质量标准或技术指标	计量单位	单价(元)	合计(元)

第二条　产品包装

产品的包装物随货出售，由乙方负责货物包装物供应。乙方应提供货物运至合同规定的交货地点所需要的包装，以防止货物在转运中损坏或变质。包装应采取防潮、防晒、防锈、防腐蚀、防震动及防止其他损坏的必要保护措施，从而保护货物能够经受多次搬运、装卸及长途运输。

第三条　验收方法

在所有货物由乙方送到交货地点且由甲方确认收货后____天内，由甲乙双方共同对货物的包装、外观、数量、商标、型号、规格及性能等进行验收，签署检验报告。如乙方未按约定到甲方指定地点参加检验，应视为乙方对甲方单方检验的结果予以确认。验收标准执行合同规定的货物质量标准。

如检验发现乙方所交的货物有任何不符合合同规定之处，应做好记录，并由双方代表签字，作为甲方向乙方提出维修或退、换货的依据。

检验报告仅证明乙方所提供的货物在截至出具检验报告之日时可以按合同要求予以接受，但不能视为乙方对货物存在的潜在缺陷所应负责任的解除。此检验不作为对货物内在质量认定的依据。

第四条　交货及结算方法

1. 交货方式（略）

2. 交货地点（略）

3. 交货日期（略）

4. 结算方法（略）

第五条　经济责任

1. 乙方应负的经济责任

产品花色、品种、规格、质量不符合本合同规定时，甲方同意利用的，按质论价，不能利用的，乙方应负责保修、保退、保换。由于上述原因造成交货时间延误，每逾期一天，乙方应按逾期交货部分货款总值的万分之三计算向甲方偿付逾期交货的违约金。

乙方未按本合同规定的产品数量交货时，对少交的部分，甲方如果需要，应照数补交，甲方如不需要，可以退货。由于退货所造成的损失，由乙方承担。如甲方需要而乙方不能交货，则乙方应付给甲方不能交货部分货款总值5%的罚金。

产品包装不符合本合同规定时，乙方应负责返修或重新包装，并承担返修或重新包装费用。如甲方要求不返修或不重新包装，乙方应将不符合合同规定包装价值2%的罚金付给甲方。

产品交货时间不符合本合同规定时，每延期一天，乙方应以延期交货部分货款总值万分之三的罚金偿付甲方。

2. 甲方应负的经济责任

甲方如中途变更产品花色、品种、规格、质量或包装的规格，应向乙方偿付变更部分货款（或包装价值）总值__%的罚金。

甲方如中途退货，应事先与乙方协商。乙方同意退货的，应由甲方偿付乙方退货部分货款总值__%的罚金。乙方不同意退货的，甲方仍须按合同规定收货。

甲方未按规定时间和要求向乙方交付技术资料、原材料或包装物时，除因乙方原因造成交货日期顺延外，每顺延一天，甲方应付给乙方顺延交货产品总值万分之三的罚金。如甲方始终不能提出应提交的上述资料等，应视同中途退货处理。

属甲方自提的货物，如甲方未按规定日期提货，每延期一天，应向乙方偿付延期提货部分货款总值万分之三的罚金。

甲方如未按规定日期向乙方付款，每延期一天，应按延期付款总额的万分之三计算付给乙方，作为延期罚金。

乙方送货或代运的产品，如甲方拒绝收货，甲方应承担因此造成的损失、运输费用及罚金。

产品价格如需调整，必须经双方协商，并正式签订协议后方能变更，在协议签订前，仍应按合同原定价格执行。如乙方因价格问题影响交货，则每延期交货一天，乙方应按延期交货部分总值的万分之三作为罚金付给甲方。

第六条　甲、乙任何一方如要求全部或部分注销合同，必须提出充分理由，经双方协商，并报请上级主管部门备案。提出注销合同的一方须向对方偿付注销合同部分总值__%的补偿金。

第七条　如因生产资料、生产设备、生产工艺或市场发生重大变化，乙方须变更产品品种、花色、规格、质量、包装时，应提前__天与甲方协商。

第八条　本合同所订一切条款，甲、乙任何一方不得擅自变更或修改。如一方单独变更、修改本合同，对方有权拒绝生产或收货，并要求单独变更、修改合同的一方赔偿一切损失。

第九条　甲、乙任何一方如确因不可抗力的原因不能履行本合同，应及时向对方通知不能履行、延期履行或部分履行合同的理由。在取得对方上级主管部门同意后，本合同可以不履行、延期履行或部分履行，双方可免于承担违约责任。

第十条　本合同在执行中如发生争议或纠纷，甲、乙双方应协商解决，协商不成时，任何一方均可向国家规定的合同管理机关申请调解仲裁。如一方对仲裁不服，可于接到仲裁书后15日内向人民法院起诉。

第十一条　本合同自双方签章之日起生效，当乙方将全部订货送齐经甲方验收无误，并由甲方按本合同规定将货款结算后，本合同即作废。

第十二条　本合同在执行期间，如有未尽事宜，需由甲、乙双方协商，另订附则

附于本合同之内，所有附则在法律上均与本合同有同等效力。

第十三条　本合同共一式__份，由甲、乙双方各执正本一份、副本__份，并报双方上级主管部门各一份。

甲方：	乙方：
(盖章)	(盖章)
负责人：	负责人：
(签章)	(签章)
经办人：	经办人：
(签章)	(签章)
地址：	地址：
电话：	电话：
开户银行：	开户银行：
账号：	账号：
年　月　日	年　月　日

第二节　采购合同签订与管理

采购者在合同谈判结束后，应形成一个完整的合同文本草案，并经供应商授权代表认可后正式形成文件。供应商代表应认真审核合同草案的全部内容，要反复核对其是否正确，是否符合双方谈判时达成的一致意见，是否将谈判中增减的内容或对原合同修正的内容表示清楚，尤其对数字要核对无误。当双方认为满意并核对无误后，由双方代表草签，至此合同谈判阶段即告结束，供应商应及时准备和递交履约保证金或履约担保，准备正式签订采购合同。

采购合同的管理对合同双方都是十分重要的。合同的管理直接关系到采购项目实施是否顺利，合同双方各自的利益是否能得到保护，是否能最终实现自己的目标效益。因此，对采购合同实行科学有效的管理有着十分重要的意义。

一、采购合同的签订

采购合同正式签订前，供应商要将准备签字的正式文本与草签的文本再重新核对。合同签订的过程是当事人双方相互协商并最后就各方的权利、义务达成一致意见的过程，签约是双方意志统一的表现。合同中规定的采购者和供应商的法人代表或其授权委托的代理人签字后，合同就具备了正式生效的条件。

合同签订之后，供应商应按规定及时递交履约保证金，并要求采购者退回投标保证金。同时，如果有约定预付款，供应商还应递交预付款保证金，以争取早日获得预付款，做开工准备工作。在签订合同并收到供应商的履约保证金后，采购者应尽快将投标保证金退还供应商。

二、采购合同的签订程序

采购合同的签订程序如图 5—1 所示。

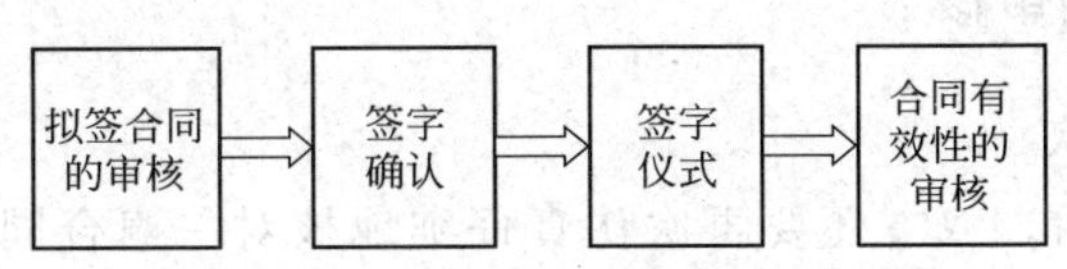

图 5—1　采购合同的签订程序

1. 拟签合同的审核

采购项目谈成、合同文本拟定好后，在正式签字前，应做好以下工作：

（1）审核合同文本

首先要核对合同文本的一致性。合同文本一式数份，其内容和形式要完全相同。文本内容要简明扼要，措辞严谨，要能准确表达出谈判的所有协议条款。

（2）审核批文

要核对各种批件，如项目批文、许可证等是否完备，以及合同内容与批件内容是否一致。这一核对过程对供应商来说尤为必要，因为有些项目如果没有批文或者许可证，就不能生产经营。如不认真核对，必然造成经济纠纷。审查文本务必对照原稿，不要只凭记忆阅读审核。

审核中如果发现问题，一般应及时互相通告，并立即纠正，依规处理。不要在打印好的原稿上随手改动便当作正式文件，最好在改动的基础上再重新打印。有些问题可能比较复杂，还需要双方再进行一次谈判。这时双方要互相谅解，根据需要可再调整签约时间，不要因此造成误会。对审核中可能发现的问题，思想上要早做准备，态度上要积极诚恳，行动上要干脆利落。

2. 签字确认

在采购合同签订之前，还要认真确认签字人。一般来讲，签字人应该是谈判双方的法人代表或其委托的代理人，否则该合同为无效合同。如签字双方彼此不熟，还要

提供能证明其法人代表身份的有关资料。若由委托代理人签字，除了出示由法人代表签发的授权委托书外，还要提供证明法人代表和委托代理人身份的有关资料。

3. 签字仪式

不同分量和影响的合同，签字仪式也不同。普通采购合同只需要谈判双方的一般法人代表签字即可，在谈判地点等处就可以举行签字仪式，仪式可从简。签订重大合同，由高层领导出面或需高层领导签字时，一般要安排比较隆重的签字仪式，仪式简繁取决于双方的态度。有时需专设签字桌，并安排高层领导会见对方代表。

4. 合同有效性的审核

（1）审核合同条款

正式合同签订以后，双方还要再次认真仔细地核对一遍合同，再次审核合同条款是否完备，是否准确表达了双方的意愿，是否可能存在歧义。

（2）审核签章

应审核签字人员是否按规定签字盖章。如果签字人签的不是自己的真实姓名，或签字人单位没有按要求加盖公章，这样的签字是无效的。

三、采购合同的管理

做好采购合同管理工作，最重要的就是合同双方在已熟悉合同条款的基础上，要明确各自的责任和义务，并建立严密的合同管理体系，对合同履行中可能遇到的扯皮、责任交叉等现象事先加以防范。

1. 明确采购者和供应商的责任和义务

（1）采购者的主要责任与义务

采购者的主要责任与义务包括：提供采购清单；按合同支付有关款项；协助供应商办理相关手续，并协助供应商解决在供应过程中出现的问题；在发生供应商违约的情况下，负责处理中止、终止或撤销合同等事务；解决合同中的纠纷，如需对合同条款进行必要的变更，需要与供应商协商并取得一致意见。

（2）供应商的主要责任与义务

供应商的主要责任与义务是：在合同规定的时间内提交采购合同要求的商品；制订供应计划并保证其稳妥性、可靠性和安全性；在供应过程中遇到不可抗力的特殊情况下，应及时通知采购者；在有需要检测、安装及售后服务的采购项目中，应配合采购者开展相关的活动。

2. 严密的管理体系

在采购合同管理工作中，要建立一套严密的行之有效的管理体系，包括严格的审批程序、规范的现场会议制度，以及健全的合同文件管理系统。

（1）严格的审批程序

进行合同管理，就必须按照惯例指定各个条款中所规定的报批程序和审查批复的时限，如若不然，就会构成不同程度的违约。任何无理拖延都是不允许的，都有损于合同的严肃性。

（2）规范的现场会议制度

在合同管理中，现场会议是采购者和供应商做好合同管理的一种有效措施。

第一次现场会议的任务是介绍工程师和供应商的班子人员与办事机构，制定行政例行程序，检查开工前的各项准备工作，陈述供应商的工程进度计划等。而例行现场会议是供应商开始供应后定期召开的现场会议，其任务是解决供应过程中的有关进度、质量、费用、延期、索赔等问题。第一次现场会议和例行现场会议都必须有正式的会议议程，会议要做详细的记录，记录一旦被双方认可，就成为正式文件，对双方均有约束力。

（3）健全的合同文件管理系统

采购合同是合同管理的基础工作之一，也是合同管理中的重要环节。合同签订后，管理合同的负责人应马上派专人建立自己的文件管理系统，尽快开始所有合同文件的整理分类和归档工作。有些项目管理者在招标阶段就着手开展这项工作，这样就为以后的合同文件管理工作打好了基础。

合同文件管理系统建立之后，要建立严格的接收和发出合同文件的登记和借阅制度。不允许随意将任何文件私自带走，也不能在查阅时打乱文件原来的存放顺序。为了稳妥，可以将所有正式签署的合同文本拷贝一份，作为“阅视件”。当合同管理人员或者其他人员需要查阅合同文本时，只允许查阅“阅视件”。合同文件在一个采购项目中属于机密文件，任何泄密都有可能给项目带来不可弥补的损失，所以要特别注意合同文件的保密问题。

四、采购合同的违约责任与索赔处理

1. 采购合同违约责任

采购合同违约责任包括供应商违约责任和采购者违约责任。

（1）供应商违约责任及其承担方式

供应商供应的商品品种、规格、数量、质量和包装等不符合采购合同规定，或未

按合同规定日期交付，应偿付违约金、赔偿金。

商品发到错误的到货地点或接货单位，供应商除按合同规定负责运到规定地点或接货单位外，还要承担因此而多付的运、杂费，如果造成逾期未交货，应偿付逾期违约金。

(2) 采购者违约责任及其承担方式

采购者中途退货，应偿付违约金、赔偿金；未按合同规定日期付款或提货，应偿付违约金；错填或临时变更到货地点，应承担因此多支出的费用。

另外，当商品需要从供应商所在地运送到采购者指定地点时，如未能按采购合同的要求到货，还要分清是货物承运方还是托运方的责任。如该商品已投财产保险，保险方就应当承担相应责任。

2. 索赔处理

(1) 索赔期限

索赔期限是指争取索赔的当事人向违约方提出索赔要求的期限。索赔期限应根据不同商品的具体情况作出不同的规定。一般而言，农产品、食品等的索赔期限短一些，一般商品的索赔期限长一些，机器设备的索赔期限更长一些。如果逾期提出索赔，对方可以不予理赔。

(2) 索赔依据

提出索赔时，必须出具因对方违约而造成采购者或供应商损失的依据，当争议条款为商品的质量或数量条款时，该证明要与合同中检验条款相一致，同时出具权威检验机构的检验报告。

(3) 理赔方法

关于索赔和理赔方法，除个别情况外，通常在采购合同中只作笼统规定。因为违约的情况较为复杂，当事人在订立合同时往往难以预计。有关当事人应根据合同规定和违约事实，本着平等互利和实事求是的精神，合理确定损害赔偿金额或其他处理办法，如退货、换货、补货、整修、延期付款、延期交货等。

五、采购合同的变更、中止和解除

1. 采购合同的变更

狭义上的合同变更是指在保持合同主体同一性的前提下，对合同内容所作的改变。即合同依法成立后，在尚未履行或者尚未完全履行之前，当事人通过协商对合同内容所作的修改或者补充。合同的变更可由合同双方的任意一方提出。在货物采购中，一般采购合同的变更多由采购者提出。采购者根据有关法律法规可以提出对合同的某些条款进行修改。

如果变更供应商履行合同义务的费用或时间，则合同价格与交货时间应公平调整，同时相应修改合同。供应商进行调整的要求必须在收到采购者变更要求后 30 天内提出。

2. 采购合同的中止

采购合同中止是指在采购过程中一方发现另一方存在欺骗、贿赂、提供假证明等行为时，为了保护己方的利益，在完成调查或法律审查之前根据充分的证据而实行的一种紧急措施。

采购合同的中止应根据有关法律和合同条款规定实施。从供应商一方来说，构成合同中止的原因一般主要有：供应商为获得合同而犯有诈骗、贪污、偷窃、伪造、贿赂等罪行，提供假证明书，在报价时进行不正当竞争，在商业道德方面存在可能严重影响合同履约的不良诚信记录，以及其他性质严重或恶劣，影响合同履行的原因。

3. 采购合同的解除

采购合同的解除实际上是不履行合同所规定的义务。解除合同的原因一般有以下三种：

（1）由于供应商的原因导致合同解除

例如，供应商不按照合同规定履行义务，如交货规格不合要求，不能按合同规定日期交货至指定地点等。在这种情况下，一般在作出解除合同的决定前，采购者应尽可能根据合同的具体规定，给予供应商补救机会，例如，通过罚款、赔偿相关损失、修补等补救措施，争取继续履行合同。

（2）由于采购者的原因导致合同解除

在这种情况下，供应商可以要求采购者赔偿其损失。

（3）双方同意解除合同

由于各种特殊或紧急情况，双方在合同履行中可能会要求解除合同。出现这种情况时最好的办法是采购者和供应商共同协商，在有关合同解除条件上达成一致。

4. 采购合同的终止

《中华人民共和国合同法》所称合同的权利义务终止，又称合同的终止或合同的权利义务消灭，是指由于某种法律事实的出现而使得采购合同当事人之间已经存在的权利、义务关系不复存在。采购合同的权利义务终止的原因，也就是前文所述的采购合同权利与义务终止的法律事实。

采购合同终止的方法包括合同清偿、合同解除、合同撤销、合同提存、合同债务免除和合同债权债务混同。

思考练习题

1. 采购合同有哪些类型?
2. 列举采购合同的主要内容及条款。
3. 采购合同的签订程序是什么?
4. 怎样进行采购合同管理?
5. 采购合同的违约责任有哪几种基本形式?承担违约责任的方式有哪些?
6. 如何进行采购合同的变更、中止、解除和终止?

第六章　采购管理

采购管理包括采购控制、采购品质量管理、采购绩效评估等方面的内容。这些环节的工作质量决定了采购管理的质量和水平，并在很大程度上决定了采购工作的效果。

第一节　采购控制

如何在提高企业采购部门业务效率的基础上加强管理，提高采购的透明度和降低采购成本，一直是企业管理工作的一个难点。其中，加强对采购环节的控制是关键。

采购控制的主要目标是对采购过程各个环节进行严密的控制、监督，确保采购的产品和服务符合规定要求，实现对企业采购活动执行过程的科学管理，实现企业利润最大化。采购控制包括对采购过程的控制、对供应商的控制和对采购人员行为的控制。

一、采购控制的目的

采购控制作为采购管理的重要环节，是保证企业采购活动有序开展、实现企业利润的重要管理过程。其目的主要体现为：规范企业采购流程，保证企业采购活动有序进行；提高采购效率，降低采购成本，实现企业利润最大化；提高采购质量，为企业生产质量提供保障；保障企业生产物资供应，降低企业缺货风险；防止采购过程中腐败行为的发生，保障企业利益。

二、采购控制的内容

采购控制贯穿于采购工作的全部环节，从采购决策开始，到制订采购计划、确定采购数量、选择供应商、确定采购价格、签订采购合同、控制采购品质量、验收采购品、结算采购款项，同时还包括对采购过程中有关经济行为的控制。

1. 采购决策控制

对采购决策进行控制，主要是审核每次的采购方案是否科学，是否与企业生产经营活动目标一致，采购数量和采购方式是否合适，是否实现了总成本最小化。

2. 采购计划与预算控制

采购部门要根据企业的采购决策编制采购计划，确定计划期内生产经营正常进行所需的各种物资。对采购计划和预算进行控制，主要是审核采购计划编制依据是否科学、措施是否恰当、控制体系是否完善、执行结果是否满意、采购预算是否合理科学、现金流是否可以满足企业采购活动要求等。

3. 采购管理控制

采购管理控制主要是看企业是否合理划分控制采购的权限，是否经常出现紧急采购现象，是否严格控制采购费用，是否控制了不正当的业务，采购活动是否合乎规范、有效率。

4. 采购方式控制

为降低采购成本和提高采购效率，企业需要对采购方式进行控制，看其所选方法是否正确、价格是否合理、订货方式是否有效率。具体而言，是要看企业是否根据不同的物资类别选择合适的采购方式，重要物资采购是否都通过竞价进行。

5. 采购合同控制

采购合同控制是采购人员的重要职责。采购合同控制有三个目的：促进合同正常执行，满足企业生产经营所需，保持合理的库存水平。在实际采购业务操作过程中，合同、需求、库存三者之间有时会产生矛盾，突出表现为因各种原因导致合同难以执行、出现缺货、库存难以控制等。采购合同控制的内容主要包括：

（1）合同签订前的控制

在采购合同签订前，采购人员要及时了解供应商的态度，如供应商是否愿意及时签订合同等。

（2）合同执行过程中的控制

采购合同一经签订便具有法律效力，采购人员必须严格监控其执行情况。合同确实需要变更时要征得供应商的同意，不可单方面行事。合同执行过程中的控制须把握以下几点：

1）密切跟踪供应商准备供货的详细过程。要保证订单能够正常处理。

2）采购要与生产需求密切同步。企业采购以满足企业生产需求为目的，如果生产需求发生变化，采购也应随之进行调整。

3）慎重控制库存。采购人员应密切关注库存水平，既不能造成物资短缺，又要保持最低的安全库存水平。

4）控制好货物验收环节。要保证货物到达合同规定的交货地点，对国内供应商一般是指到达企业的材料仓库，对国外供应商一般是指到达企业的国际物流中心。

（3）合同执行后的控制

在货物验收合格后，采购人员仍需要进行合同控制。合同执行完毕的条件之一是供应商收到本次采购合同的货款，如果供应商未收到货款，采购人员有责任督促付款人员按照规定加快操作，否则会影响企业的信誉。

6. 采购账款结算控制

采购账款结算业务是随着企业采购交易的发生而产生的，它具有一定的风险性。为了最大程度减少损失，内审人员应结合采购业务，对采购账款结算进行审计。采购账款结算控制的主要内容是：建立采购账款结算的内部控制制度，核实采购账款结算的实有数，确保采购账款结算业务的真实性和合法性。

7. 采购质量管理系统控制

企业应建立起完善的采购质量管理系统，订立明确的质量文件及质量文件架构，制定较完备的质量计划说明，有文件管制的相关程序要求，有欠缺文件分发、收回管理记录。做好各类采购订单的分类、归档、保管，设立保管目录，各采购者所持有的各个采购订单的版次做到正确、一致，各种规格、图样的更改要按照采购合同规定程序经过供应商同意和确认。采购订单应有规定保存期限和规定保管者，采购订单修改应由修改者签字确认并负责。此外，还应注意货物标准的适用性问题，包括标准的发布年份、版次等。

8. 供应商控制

对供应商进行控制，既可以保证供应商按照采购要求供给货物，也可以加强对供应商的评价和监督，防止被供应商所控制。一般来说，供应商控制的主要内容包括供应商选择的条件、原则、方法和程序，评价供应商的指标体系，开发和考核供应商的标准等。

9. 采购费用控制

采购费用控制的主要对象包括请购手续成本、采购成本、检验验收成本、搬运费

用与装卸成本、物料运输保险费用与税负、进库成本、会计入账及支付款项成本、仓储成本、呆废料损失成本和资金成本。

10. 采购舞弊行为控制

采购舞弊行为主要是由于对采购人员的控制不够而产生的。采购舞弊行为会严重损害企业利益，同时也会造成严重的质量隐患。采购舞弊控制主要是对采购人员的控制，通过规范采购人员职责，完善采购制度，建立采购人员道德规范，防止采购舞弊的发生。采购舞弊行为控制的主要措施包括对采购人员所购物资进行事前询价制度，对物资采购计划的审批程序加强监管，加强物资采购审计，加强对采购人员的日常管理等。

三、采购控制的方法

根据采购控制对象的不同，采购控制方法可分为采购合同的控制方法、采购付款结算的控制方法、供应商的控制方法、采购人员的控制方法、采购费用的控制方法等。

1. 采购合同的控制方法

通过采购合同控制可以提早发现在合同签订和履行过程中的潜在问题，从而保证采购活动在合同的规范下顺利进行。采购合同控制主要包括以下几种方法：

（1）调查评估供应商信誉及履约能力

合同签订之前，采购部门应该对供应商的信誉（如市场经营作风和企业形象、售后技术服务情况、用户对产品的普遍反映、产品交货的及时性和可靠性等）及履约能力（如供应商的设计开发能力、加工制造能力、生产管理水平和基础力量）进行调查和评估。在调查和评估时应注意以下几点：是否有供应商调查的资料，是否对供应商进行评估，对供应商进行评估的方法和程序是否科学合理，评估的内容是否与企业采购目标相一致等。

（2）审核分析采购合同的经济性与效益性

对采购合同经济性与效益性的控制主要是从采购价格水平、采购批次、经济合理性等方面进行审核分析，防止各种不合理的采购合同出现，维护企业的经济利益。在审核分析时，要通过市场调查，搜集有关企业采购品的价格、质量方面的信息，通过分析，比较评价采购合同的价格水平、质量水平和服务水平是否合理。对合同效益性的控制，主要是分析采购是否与生产计划和生产规模相对应，是否存在库存积压或库存脱节现象。

（3）审核采购合同条款的规范性和严密性

企业应审核采购合同标的物是否明确，内容是否合法；审核采购合同的各种数量标准，控制采购合同供货数量与期限；审核采购合同的约束力是否明确，双方权利和义务关系是否对等，双方的违约责任是否明确；审核合同中对质量标准、条件、技术要求、验收方法、付款方式与期限，以及运输中的责任等具体条款的规定是否明确和具体，是否存在含混不清、模棱两可的措辞。

（4）加强对采购合同履约执行的控制

企业应加强对合同执行过程的检查，掌握采购合同的执行动态，及时发现采购合同执行过程中发生的各种纠纷，并核对事实，根据有关规定进行分析研究，提出处理意见和措施，及时处理合同纠纷，维护采购合同的严肃性。

2. 采购付款结算的控制方法

付款结算是企业采购工作的一个重要环节，及时的付款结算是对供应商工作的肯定，是促进供应商与企业合作的关键措施，也是开展后续采购工作的良好基础。同时，对采购付款结算进行控制，也可以有效防止和杜绝采购舞弊行为的发生，保证企业利益。采购付款结算的控制方法主要包括：

（1）审核采购付款结算内部控制制度

审核采购部门、请购部门、验收部门与会计部门之间是否建立了职责分工明确的付款结算内部控制制度，是否建立了结算的账单管理模式，是否建立了对货款真实性进行审核的有效的货款结算审核制度，是否有健全的采购和付款业务循环，包括对从提出采购申请、填制请购单到企业支付价款结束的决策处理过程的内部控制。

（2）审核采购付款结算流程

对采购付款结算流程的审核主要包括以下内容：

1）审核采购付款结算流程的科学性。审核订单确认、货物验收确认、债务确认等流程是否存在漏洞。

2）审核各项付款结算凭证的完整性。审核是否有请购单、订单、验收单、卖方发票、借款通知单和付款凭证等，审核各项单据之间是否一一对应，是否经过相关职能部门确认等。

3. 供应商的控制方法

（1）严格确定选择供应商的条件、原则和方法

对供应商的选择条件应该从供应商的生产能力、技术水平、管理水平和服务水平等方面进行控制，通过考核或者招标选择合适的供应商。

（2）严格确定供应商的选择程序

首先是确定合格供应商的标准，合格的供应商要能够提供合格的原材料，按时交货，满足数量要求，价格合理，服务周到。其次是对供应商开展调查评估工作，对供

应商质量管理体系进行审核，对其品质保证能力进行评估，加强对供应商提供的样品、批量试用品的鉴定和审核。

(3) 严格确定供应商评价指标体系

必须从质量指标、准时交货率、价格比率等方面对供应商进行定期评价，同时还应就供应商的售后服务、对不良品的处理方法、开发本企业所需产品的主动性、对订单调整的反应灵活性，以及发票开具的及时性和准确性等方面进行考核。

(4) 控制供应商欺诈行为

在采购过程中，既要保证供应商按照采购要求提供货物，又要防止供应商产生欺诈行为，损害企业利益。可以根据采购金额的大小，对供应商进行分类，然后根据不同类别对供应商进行管理。管理的主要方法有派常驻代表，定期或不定期到供应商处进行监督检查，设监督点对关键工序或特殊工序进行监督检查，实施成品联合检验，要求供应商及时报告生产条件或生产方式的重大变化情况，组织管理技术人员对供应商进行辅导，由供应商提供制造程序及管理的相关检验记录，进行验货。

4. 采购人员的控制方法

由于采购人员可以支配大量资金，同时又作为对外谈判人员与供应商进行接洽，因此他们的立场与道德素质对于企业和供应商而言非常重要。一般来说，对采购人员的控制可分成两个阶段来执行，分别为采购合同签订之前和签订之后，前者为有效防范，后者为严格稽查。

(1) 从控制价格开始防范

企业应建立起涨价之前必须先打呈批件的制度，只要对涨价严格控制，就能从根本上防止采购人员的腐败。通过这项制度，企业一方面可了解涨价原因，做到心中有数，另一方面也可提醒采购部门负责人在审核此采购合同时要详加注意。如果采购金额较大或者涨价幅度较大，还应将此采购合同送交稽查部门或者财务部门审计，以求排除所有的不合理涨价行为，防止任何损害企业利益的行为发生。

(2) 加强对供应商的控制

企业必须与供应商建立良好的关系，加强对供应商的控制，争取供应商的合作，使对方不必为了业务而去巴结采购人员，甚至与采购人员串谋。

(3) 加强对采购人员的绩效考核

企业应依靠业务指标体系和个人素质指标体系加强对采购人员的考核。业务指标体系主要包括：采购成本是否降低，卖方市场条件下是否维持了原有的成本水平，采购质量是否提高，质量事故造成的损失是否得到有效控制，供应商是否提供增值服务，采购是否有效地支持了其他部门尤其是生产部门，采购管理水平是否得到提高等。对个人素质的评价主要包括谈判技巧、沟通技巧、合作能力、创新能力、决策能力等，不仅要包括现有能力，还要包括进步的幅度和潜力。

(4) 加强对采购人员的稽核

对采购人员的稽核主要是看是否选择了错误的采购对象，是否有意通过中间商购买，采购数量是否集中在一家，是否存在请购单越级审核，报价单笔迹与图章是否可疑，是否有过与采购相关的不良行为等。

5. 采购费用的控制方法

(1) 控制请购手续成本

企业可以完善企业内部管理制度，明确各个职能部门的职责，防止相互推诿，降低请购所花费的人工费用、办公用品费用，降低请购主管和有关单位的审查费用，以控制请购手续成本。

(2) 控制采购成本

企业可以采用网络通信方式，改善网络办公条件，降低估价、询价、比价费用和采购联络通信费用，降低采购花费的人工费用，降低采购主管及有关单位的审查费用，以控制采购成本。

(3) 控制采购验收成本

企业可以建立专业的货物采购检验机构，或者通过检验服务外包方式降低检验手续的人工费用、检验过程中的办公用品费用、检验仪器设备的折旧费用和雇用专业检验机构的费用，以控制采购验收成本。

(4) 控制采购物流成本

企业可以采用自动化装卸搬运设备，这样不仅能降低人工费用，还能提高效率，同时也能直接降低装卸费用。可以选择合适的运输方式和物流企业，以降低运输费用。可以租赁或者建设高效率、高等级的仓库，改善仓储条件，加强库存控制，以提高存货周转率，降低库存成本，同时也能减少仓储过程中产生的呆废料损失。可以结合仓储条件的改善，加强仓库管理，规范仓库管理操作、装卸搬运要求，以降低在运输、入库、出库过程中产生的呆废料损失。可以加快库存周转速度，提高货物周转率，以减少采购贷款额度，降低资金成本。

(5) 控制采购财务成本

企业可以降低会计入账及支付款项所花成本，完善会计制度，采用先进的电子支付方式，以控制采购财务成本。此外，还可以通过保险组合，降低保险费用。

第二节 采购品质量管理

采购品质量是决定企业最终产品质量的重要因素之一，能够直接影响企业的生产

经营。培养现代质量管理理念，强化采购质量意识，在采购的全过程中构建严格的采购质量管理体系，实行有效的采购品质量管理，是提高企业采购水平的必然要求。采购品质量管理涉及设计、制造与物流三大环节，在每一环节都有不同的具体内容。

一、采购品质量概述

采购品是一种产品，不仅包括有形产品，还包括无形产品。一般可以把产品划分为硬件、软件、流程性材料和服务 4 种类型。

每一类产品的质量特性不止一种，常有数种或几十种。每种质量特性对产品质量都有贡献，但其重要性不同，而且会由于用途不同而发生变化。同时，不同类别的产品即具有不同的质量特性。例如，硬件和流程性材料类型的产品大致可归纳为性能、可信性、安全性、适应性、经济性、时间性和可追溯性 7 个方面的质量特性。

其中，性能是指产品为适应用户使用目的所具有的技术特性，它综合反映了顾客和社会对产品的要求，如载货汽车的载重量、速度、功率和金属切削刀具的硬度、强度、切削效率等。它一般包括使用性能和外观性能。可信性是一个集合性术语，指与时间有关的质量特性。它用于反映产品的可用程度，具体表现为可用性、可靠性、维修性和维修保障性。安全性反映产品在储存、流通和使用过程中不发生产品质量缺陷所导致的人员伤亡、财产损失和环境污染的能力。它是一个最具刚性的指标，一般要严格加以保证。适应性反映产品适应外界环境变化的能力。经济性反映产品合理的寿命周期费用。时间性反映在规定时间内满足顾客对产品交货期和数量要求的能力，以及满足顾客要求随时间变化而变化的能力。可追溯性是指追溯产品过往的生产、应用情况或所处场所的能力，一般涉及原材料和零部件的来源，以及加工历史、产品交付后的分布和使用场所等。

产品的质量特性是在设计、研制、采购、生产制造、销售服务等全过程中实现并得到保证的。因此，在采购中也必须明确这些质量特性，并要保证这些质量特性满足使用要求。

二、采购品质量控制的内容

采购品质量控制必须涵盖采购品质量的所有方面，它在设计、制造与物流环节有不同的内容。其中，设计、制造环节的采购品质量控制主要由供应商实施完成，物流环节的质量控制主要由采购部门实施完成。

虽然产品质量通常是由供应商负责，但采购部门也要培训供应商以提高其产品质量。培训内容取决于供应商的产品质量，以及采购者和供应商之间的关系。

对供应商来说，理想的解决办法是建立一个方案，对设计、制造和运输各个阶段进行质量控制。这样可以避免采购者接收货物时的重复检验，还能提高质量水平，降低制造成本，以及在采购者和供应商之间建立起一种相互信任的关系。

物流环节的质量控制主要包括以下内容：

1. 分销配送环节的质量控制

供应商应该在产品送到分销配送中心之前就进行检查，作出充分的质量担保，尽量找出所有质量缺陷；在发送时检查有缺陷产品的比例；核实已发送的有缺陷产品，并以订单等形式退回至来源地；确保分销配送中的每一项配送任务按期完成，实现准时发送产品的目标；检查包装是否合规，运输方式和产品装卸是否合理。

2. 客户服务环节的质量控制

供应商应该确定产品说明书和服务手册信息是否充分，访问客户并解决客户关于产品技术的问题，调查客户的满意度，发现或者预测客户不满意的地方，收集并分析有缺陷的或者被退回的产品的信息，利用客户反馈的信息重新设计产品和完善产品质量。

销售人员、工程师、技术人员和质量控制人员在客户服务中均扮演了极其重要的角色，他们决定了供应商能否成功满足采购者的需要，以及能否保持很高的产品安全标准。

三、产品质量认证的概念和方式

采购品质量检验在实际操作中通常是指产品质量认证。

1. 产品质量认证的概念

根据《中华人民共和国产品质量认证管理条例》，产品质量认证是依据产品标准和相应的技术要求，经认证机构确认并通过颁发认证证书和认证标识来证明某一产品符合相应标准和相应技术要求的活动。

理解上述定义时，应注意抓住以下几个基本要素：

质量认证的对象是货物或服务，质量认证的依据是特定的货物标准以及补充的技术要求，质量认证机构应为独立的第三方，证明质量符合认证标准的标志是认证证书或认证标识，质量认证一般遵循自愿性原则。

2. 产品质量认证的方式

目前，世界各国的产品质量认证方式主要有以下 8 种：

(1) 形式试验

形式试验是按照规定的试验方法对产品的样品进行一次性试验，以证明样品是否符合指定的标准和技术要求。

(2) 形式试验加市场抽样检验

这是一种带有认证后监督措施的形式试验，方法是从市场购买样品或从批发商、零售商的仓库中随机抽样进行检验，以证明认证产品的质量持续符合标准和技术要求。

(3) 形式试验加供方抽样检验

这种质量认证方式与形式试验加市场抽样检验相似，只是监督的方式有所不同，不是从市场上抽样，而是从供方发货前的产品中随机抽样进行检验。

(4) 形式试验加市场抽样和供方检验

这种质量认证方式是上述 (2) (3) 两种认证方式的综合，监督检验所用的样品来自市场抽样和供方随机抽样。

(5) 形式试验加对供方质量管理体系的评估以及分别对供方和市场抽样检验

这种认证方式的显著特点是，在批准认证的资格条件中增加了对供方质量管理体系的检查和评定，在批准认证后的监督措施中也增加了对供方质量管理体系的复查。

(6) 只对供方管理体系进行评定和认可

这种认证方式也称为质量保证能力认证，是对供方按既定标准或技术规范要求提供产品的质量保证能力进行评定和认可，而不是对最终产品进行认证。

(7) 批量检验

根据规定的抽样方案，对一批产品进行抽样检验，并据此作出该批产品是否符合标准或技术规范的判断。

(8) 百分之百检验

对每一件产品在出厂前都要依据标准由被认可的独立检验机构进行检验。

3. 实验室认证

对产品进行质量认证时，一般是由认证管理部门直辖的检测机构进行产品质量检验，也可以委托其他实验室承担这项任务，如科研单位、大专院校，以及企业的实验室等。但承担产品质量检验任务的实验室要由认证机构认可，其检验结果才能取得社会公认。此类实验室要依据认可准则，在实验室设备条件、管理水平、检验工作质量和技术能力等经评定合格后，由认证机构颁发认证证书，给予注册公布，证明该实验室为认证机构认可的检测实验室。实验室认证也称为实验室认可，主要包括检测实验室认可、检验人员（检查人员或审核人员）及评审人员认可。

四、产品质量认证的程序

1. 制定认证用的产品标准

这是开展认证的前提和依据。通常是采用国际标准或国家标准，其中应包括对实验设备的要求和检验程序，以便在同样的外部环境和条件下，对来自不同地方的产品作出是否符合标准的公平判断。

2. 申请

由制造商、批发商按认证机构的规定填写申请书，正式向认证机构提出申请。

3. 现场检查

由认证检查机构或其委托机构派人到申请企业，根据申请书和认证要求进行现场检查（初始检查），并抽取样品进行形式试验。现场检查的具体内容包括：检查和评价企业的质量管理体系，以鉴定是否具有持续提供符合标准的商品（产品）或服务的质量保证能力；按照规定标准的全部要求，对样品进行形式试验，确定商品（产品）或服务的质量状况，根据试验结果，作出最终评定。

4. 颁发证书

认证机构在完成上述工作后，经评审委员会审查和评议，如认为符合有关规定和技术标准，则由认证机构颁发认证证书，允许使用相关认证标识。

5. 例行监督

颁发认证证书后，认证机构继续对企业的质量保证体系进行监督检查。在认证标识使用有效期内，认证机构可随时在工厂、市场或用户处抽取样品进行监督检验。经对质量管理体系的复查和对样品的监督检验，如发现不符合规定的情况，认证机构可根据具体情况，作出停止使用认证标识、撤销认证的处理决定，以维护认证机构的信誉。

五、采购品质量检验的常用方法

1. 感官检验法

感官检验又称感官分析、感官检查或感官评价，它是以人的感觉器官作为检验工具，

在一定条件下对产品的色、香、味、形、手感、音色等外在质量作出判定或评价的检验方法。它简便易行、快速灵活、成本较低，特别适用于目前还不能用仪器定量评价的产品和无法采用昂贵、复杂仪器检验的企业、部门及消费者。感官检验法适用于绝大多数产品，主要有食品、药品、纺织品及服装、化妆品、家用电器、化工产品等。

按照人的感觉器官的不同，感官检验分为视觉检验、嗅觉检验、味觉检验、触觉检验和听觉检验等。

(1) 视觉检验

视觉检验是用视觉来检查产品的外形、结构、颜色、光泽，以及表面状态、疵点等质量特性。光、物体、眼睛和大脑是构成视觉的要素。光线的强弱、照射方向、背景对比，以及检验人员的生理、心理状态和专业能力，都会影响视觉检验效果。为了提高视觉检验效果的可靠性，视觉检验必须在标准照明（非直射典型日光或标准人工光源）条件下和适宜的环境中进行，并且应对检验人员进行必要的挑选和专门的训练。

(2) 嗅觉检验

嗅觉检验是通过嗅觉检查产品的气味，进而评价其质量。嗅觉虽然重要，但对人来说属于相对较退化的一种感觉机能。通常是由商品本身发散于空气中的物质微粒作用于人鼻腔上部嗅觉细胞，使人产生兴奋，再传入大脑皮层引起嗅觉感觉。为了保证嗅觉检验的工作质量，必须对检验人员进行测试，严格进行选择和培训，在检验中还应避免检验人员的嗅觉器官长时间与味道强烈的挥发性物质接触，并注意采取措施防止串味现象。

(3) 味觉检验

味觉检验是利用人的味觉来检查有一定滋味要求的产品（如食品、药品等）。味觉是溶解于水或唾液中的化学物质作用于舌面和口腔黏膜上的味觉细胞（味蕾）产生兴奋，再传入大脑皮层而引起的感觉。味觉检验要求检验人员必须具有辨别基本味觉特征的能力，并且被检样品的温度要与对照样品温度一致，同时还要采用正确的检验方法，遵循一定的规程。例如，检验时不能吞咽受检物，应使其在口中慢慢移动，每次检验前后都必须用水漱口。

(4) 触觉检验

触觉检验是利用人的触觉感官对被检物轻轻作用的反应——触觉来评价产品质量。触觉是皮肤受到机械刺激而引起的感觉，包括触压觉和触摸觉，是皮肤感觉的一种。触觉检验时，应注意环境条件的稳定和保持手指皮肤处于正常状态，并加强对检验人员的专门培训。

(5) 听觉检验

听觉检验是凭借听觉来检查产品质量，例如，检查玻璃制品、瓷器、金属制品有无裂纹或其他内在的缺陷，评价以声音作为重要指标的乐器、收（录）音机、音响装置和要求无噪声的机电商品，评定食品的成熟度、新鲜度、冷冻程度等。听觉检验至今尚无法用仪器测定来替代，其重要原因之一就是人耳的灵敏度高且可听声音阈值范围宽，例如，20 岁左右的正常年轻人，能听到的最小声音为 0 dB，最大为 20 dB。人的听觉因人和声音波长的不同而异。听觉检验与其他感官检验一样，也需要适宜的环境条件，力求安静，避免外界因素对听觉灵敏度的影响。

2. 物理检验法

物理检验法因所检验产品的性质和要求不同，采用的检验仪器和具体方法也不相同，它通常又分为一般物理检验法、光学检验法、热学检验法、力学检验法和电学检验法等。

（1）一般物理检验法

这是一种通过各种量具、量仪、天平、秤或专用仪器来测定产品的长度、细度、面积、体积、厚度、质量（物体中所含物质的多少）、密度、堆密度、粒度、表面粗糙度等一般物理特性的方法。

（2）光学检验法

这是一种利用光学仪器（如光学显微镜、折光仪、旋光仪等）来检验产品的方法。光学显微镜主要是用来观察、测量产品的细微结构，并根据这些形态结构特性，进一步鉴定产品的种类和使用性能。折光仪用于测定液体的折光率，在中间产品的质量控制和成品的质量分析中有重要的作用，如鉴定植物油的掺假或变质。旋光仪通过对旋光性物质（分子中含有不对称碳原子的有机物，如蔗糖、葡萄糖、薄荷脑等）的比旋光度进行测定，可鉴定旋光性物质的纯度。

（3）热学检验法

这是一种使用热学仪器测定产品热学特性的方法。这些特性包括熔点、凝固点、沸点、耐热性等。玻璃制品、搪瓷制品、金属制品、化妆品、塑料制品、橡胶制品及皮革制品等产品的热学性质都与其质量和品种有关。

（4）力学检验法

这是一种通过各种力学仪器测定产品力学性能的检验方法。这些性能包括抗拉强度、抗压强度、抗剪强度、抗弯强度、抗冲击强度、抗疲劳强度、耐磨强度、硬度、弹（塑）性等。产品的力学性能与其耐用性密切相关。

（5）电学检验法

这是一种利用电学仪器测定产品的电学特性（如电阻、电容、介电常数、电导率、静电压半衰期等）的方法。通过对产品某些电学特性如电阻、电容等的测量，还可以间接测定产品的其他质量特性，如材质的吸湿性和不匀率等。

3. 化学检验法

化学检验法是用化学试剂和仪器对产品的化学成分及其含量进行测定，进而判定产品是否合格的方法。按照具体操作方法不同，它可分为化学分析法和仪器分析法两类。

(1) 化学分析法

这是一种根据已知的、能定量完成的化学反应进行分析的方法。按照测定方法的不同，它又分为重量分析法、容量分析法和气体分析法。

1) 重量分析法。重量分析法是一种较准确的分析方法，它选择特定试剂与被测定成分发生反应，生成一种难溶的沉淀物，再通过过滤、洗涤、干燥、灼烧等过程，使沉淀物与其他成分分离，然后根据这种沉淀物的重量计算被测成分的含量。

2) 容量分析法。容量分析法是在被测定成分溶液中滴加一种已知准确浓度的试剂(标准溶液)，根据它们完全反应时所消耗标准溶液的体积计算出被测定成分的含量。容量分析法操作简便，并能达到一定的准确度，应用非常广泛。

3) 气体分析法。气体分析法是用适当的吸收剂吸收试样（混合气体）中的被测定成分气体，通过测量气体体积的变化，来确定被测定成分的含量。

(2) 仪器分析法

这是一种通过检验试样的光学性质、电化学性质等求出待测定成分含量的化学检验法。它包括光学分析法和电化学分析法。

1) 光学分析法。光学分析法是通过被测定成分吸收或发射电磁辐射的特性差异来进行化学鉴定的，具体有比色法、分光光度法（原子吸收光谱、可见光谱、紫外光谱、红外光谱）、核磁共振波谱法、荧光光谱法等。

2) 电化学分析法。电化学分析法利用被测物的化学组成与电学物理量（电极电位、电流、电量或电导等）之间的定量关系来确定被测物的组成和含量。它包括伏安法、极谱法、电位滴定法、电导滴定法、电解分析法等。

仪器分析法适用于微量成分含量的分析，操作较简便、快捷，但对某些成分的反应灵敏度较低，不如化学分析法准确，且处理费时，仪器价格较贵，对操作人员要求较高，因而其应用有一定的局限性。

4. 生物检验法

生物检验法是食品、药品和日用工业品等类产品质量检验的常用方法之一，它包括微生物学检验法和生理学检验法。

(1) 微生物学检验法

微生物学检验法利用显微镜观察法、培养法、分离法和形态观察法等，对产品中有害微生物存在与否及存在数量进行检验，并判定其是否超过允许限度。这些有害微生物包括大肠杆菌、致病性微生物、霉腐微生物等，它们直接危害人体健康或危及产品的安全储存。

(2) 生理学检验法

生理学检验法用于检验食品的可消化率、发热量，维生素和矿物质对机体的作用，以及食品中某些成分的毒性等。该法多用活体动物进行试验。只有经过无毒害性试验，视情况需要并经有关部门批准后，才能在人体上进行试验。

六、采购品质量管理的注意事项

采购品质量是影响企业最终产品质量的重要因素之一，在采购的全过程中实行强有力的质量管理与控制，构建严格的采购质量管理体系，是企业发展的必然要求。

1. 培养现代质量管理理念，强化采购质量意识

随着经济一体化进程加快以及 ISO 9000 族标准的普遍采用，质量管理领域发生了观念上的变革，一些新的质量管理理念不断涌现。为此，企业应培养现代质量管理理念，强化采购质量意识。这要求企业领导在组织生产时，以及企业采购人员、质量管理人员、质量检验人员在从事采购品质量管理与控制活动时，都必须树立和强化“质量第一”“预防为主”“持续改进”“协作精神”“注重质量效益”“顾客至上”等理念，增强关心采购质量和保证质量的自觉性。质量意识的形成和提高是一个长期的过程，可通过以下方法促进质量意识的形成和提高。

（1）强化采购人员质量意识

通过各种形式的学习、宣传，提高采购人员的质量意识和对采购品质量重要性的认识，提高学法、守法的自觉性，严格按质量法规、质量标准做好有关工作，树立以质量为核心的职业道德，明确没有质量，企业就没有效益，个人就没有利益的观念，从而不断增强质量意识。

（2）强化领导层的质量意识

提高全员质量意识的关键在于强化企业领导层的质量意识，只有领导决策层有强烈的质量意识，高度重视采购质量工作，把质量管理作为企业经营的中心工作，才能提高全员质量意识，形成强大的内在动力，不断提高采购质量。

2. 加强采购的全过程质量管理

采购过程实际上是商流和物流活动的完整结合，涉及供应商的选择、与供应商谈判及成交、对供应商进行质量管理与控制、对采购品质量进行验证、进货检验与验收等活动。可见，采购品的质量管理是一个系统工程，必须对每一个环节进行控制，实行全过程质量管理，严格把好每一个环节的质量关。

（1）明确各部门的质量职责，建立相应的质量控制程序

采购质量不仅涉及采购部门，还与设计技术、质量管理、检验部门以及企业高层管理部门有关。因此，应结合企业实际情况，商讨、分析、明确质量职责，在此基础

上进行分工。一般来说，采购部门负责制订采购计划，实施采购质量管理与控制程序，确保供应商评价、采购资料管理、采购品验证等活动均处于受控状态并建立供应商档案。质量管理部门负责采购品质量认证、供应商质量管理水平与质量保证能力的审核评定、采购品的进货检验，以及合格供应商资格的定期复审工作。设计技术部门根据采购品对产品质量的影响程度进行分类，提供检验、试验规范并负责合格供应商名单的批准。检验部门对送检的样品根据委托内容进行检验、试验和鉴定并出具检测、鉴定报告。企业高层管理部门主要制定采购政策，和有关部门一起确定货源，制定不合格采购品处理程序，对供应商进行评级等。上述各部门的职责和分工并不是要求其独立完成，事实上，各项事项的完成需要有关部门的配合与协作。

(2) 建立健全采购质量管理制度

为保证采购品质量，必须制定严格的质量管理制度，规范和约束与采购有关的人员行为，防止暗箱操作。对取得突出成绩的部门和人员应给予奖励，对个别有章不循、损公肥私、订人情货、采购质次价高甚至假冒伪劣产品给企业带来经济损失的人，应坚决处理，情节严重的应送司法机关处理，以保证采购质量管理工作有章可循，树立质量监督的权威性。

1) 实施“三统一分”制度。所有采购品统一采购验收，统一审核结算，统一转账付款，费用分开控制。只有统一采购验收，才能保证质量，满足需求。

2) 实施“五到位一到底”制度。“五到位”就是每批采购品必须由采购人、验收人、证明人、批准人、财务审核人在凭证上签字才算手续齐全；“一到底”即负责到底，谁采购谁负责到底，包括价格、质量、使用效果都须记录在案并经得起检查。

3) 建立起较完善的供应商质量管理制度。对供应商的选择、评定、审核等工作均应建立完善的程序，严格按要求和标准执行。

4) 建立采购品质量档案制度。建立采购品质量档案有利于全面、动态地掌握采购品质量，便于及时向供应商进行信息反馈，不断改进和提高采购质量。为此，也可以根据自己的情况，有重点、有选择地对大宗、关键、技术性强的采购品建立相应的质量档案。质量档案的内容要全面，主要包括产品的合格证、试验报告、化验单、使用说明书、验收记录、保管保养记录、出库检验记录、使用中发现问题的处理意见等。要建立质量档案的管理制度，设置专人对质量档案进行管理，以供选择、优化供应商时参考。

5) 建立全过程、全方位的质量管理制度。全过程质量监管是指计划、审批、询价、招标、核算等所有环节都有监管，重点是采购计划制订、供应商选择、供应商质量控制、质量验收 4 个环节的监管，以保证对供应商的选择和验收不降低标准，不弄虚作假。全方位监管是指行政监察、财务审计、制度考核三管齐下。

(3) 加强对供应商的动态管理

企业应按照采购要求，对不同采购品进行定期质量缺陷分级评定，据此对供应商进行等级评定。另外，也可以定期对供应商的质量稳定性、售后服务水平、供货及时性、供货量的保证能力进行综合评价。对优秀的供应商继续保留或提高等级，对较差的供应商进行降级处理或从供应商名单中剔除，实现对供应商质量管理的动态提升。

（4）严格把好质量检验关

质量检验人员应熟知质量采购标准、试验方法、质量评定规程，对于新标准，应认真宣传贯彻，弄清其技术原理。应按照采购标准中的取制样方法取制样，确保所选样品的质量。应按照采购标准中试验方法标准的各项要求，对采购品进行检验。应将检验结果与采购标准中的技术指标进行比较，作出合格与否的判定，并根据检验结果签发合格证明。应加强对不合格品的控制。发现不合格品时应及时记录，并采取标识、隔离、预防等措施。

3. 努力做好采购品质量管理的基础工作

（1）对采购品进行重要性分级

为保证采购品质量，企业应做好采购品质量管理的基础工作，对采购品进行重要性分级。

企业在考虑采购质量控制方案时，首先要对采购品进行重要性分级。采购品质量重要性分级由产品的规格、性能、结构和产品的适用性决定。分级的基本原则是采购品对产品品质的影响程度，同时还应考虑对流动资金的占用情况等因素。

关键类（A类）采购品对产品质量有直接影响，对产品性能起决定作用；重要类（B类）采购品对产品质量有间接影响，对产品性能有一定影响；一般类（C类）采购品是除以上两类以外的采购品。

企业应根据采购品的重要程度，制定分级管理办法，对供应商采取不同程度的控制。

（2）做好信息处理工作

企业应做好采购品质量信息的搜集、加工、存储和传递工作。采购品质量信息是进行采购质量决策的依据，是改进采购品质量、改善采购各环节工作质量最直接的原始数据，也是进行采购质量控制的基本依据。

1）质量信息的搜集。质量信息的搜集是质量信息工作的重要环节。质量信息搜集的具体内容包括质量方针政策、质量法律法规、质量标准、图样、技术规范、合同中的质量条款、检验规程、检验记录、产品合格证、化验单、试验报告、检验和试验设备的控制与标准程序、使用中发现产品质量问题的记录等。

2）质量信息的加工与存储。为使搜集的信息能被充分利用，充分发挥质量信息的作用，还必须对质量信息进行加工处理。经加工处理后的质量信息应存储备用，这就需要建立一个高效的质量信息管理系统，以便随时都可以查询到所需的质量信息。

3）质量信息的传递。为了将质量信息及时提供给有关部门和人员，必须进行信息传递工作。信息传递有多种形式，为快捷、方便地获得质量信息，可通过网络进行信息传递。

（3）提高采购人员的素质

采购品的质量与采购人员的素质有一定的关系。采购工作是一项技术性和业务性都比较强的工作，采购人员不但要有高度的事业心和责任感，遵纪守法，坚持原则，秉公办事，而且要熟悉采购业务，掌握一定的商品学、材料学方面的知识，具有一定的“识货”技能。企业应将采购岗位作为关键岗位，对采购人员要有明确、严格的要求，如政治思想表现、职业道德、业务能力、技术水平、文化程度、工作年限、社交能力等都应达到一定的要求。企业对采购人员应进行岗位培训，经考核合格方能上岗；对采购人员的聘用应引入竞争机制和激励机制，能者上，庸者下；对采购中及时发现质量问题并妥善处理，避免造成重大经济损失者，应予以奖励；对不负责或内外勾结采购假冒伪劣产品者，应给予惩罚并解聘。

第三节　采购绩效评估

采购绩效是指采购产出与相应投入之间的对比关系，它反映了采购的效率。

采购绩效评估是指通过建立科学、合理的评估体系，全面反映和评估采购政策功能目标和经济有效性目标实现程度的过程。采购绩效优异的企业，大多拥有一套先进、统一的绩效评估体系。

一、采购绩效评估的目的

1. 确保采购目标的实现

不同采购者的采购目标各不相同。例如：政府采购注重“防弊”，以“如期”“如质”“如量”为目标；而民营企业采购则注重“兴利”，除了维持正常的产销活动外，还非常注重降低产销成本。通过采购绩效评估可以更好地控制采购工作进度，发现和解决存在的问题，从而实现采购目标。

2. 提供改进绩效的依据

绩效评估制度可以提供客观的标准，衡量采购目标是否达成，也可以确定采购部门目前的工作表现如何。企业可以根据绩效评估的结果拟定改善措施，从而收到“检讨过去、策励将来”之效。

3. 作为个人或部门奖惩的参考

绩效评估能将采购部门的绩效独立于其他部门而凸显出来，并反映采购人员的个人表现，评估结果可作为各种人事考核的参考。依据客观的绩效评估，可以公正地进行奖惩，鼓励采购人员，从而使整个部门发挥合作效能。

4. 协助人员甄选与训练

根据绩效评估的结果，可针对现有采购人员工作能力的缺陷，制订改进的计划，如安排参加专业性的教育培训。若发现整个部门缺乏某种特殊人才（如成本分析人员或机械制图人员等），则可另行由企业内部甄选或向外界招募。

5. 促进部门合作

采购部门的绩效受其他部门配合程度的影响很大。故采购部门的职责是否明确，表单、流程是否简单、合理，付款条件及交货方式是否符合企业的管理制度，各部门的目标是否一致等，均可通过绩效评估予以判定。因此，采购绩效评估可以改善部门间的合作关系，提高企业整体的运作效率。

6. 提高人员的士气

有效且公平的绩效评估制度能使采购人员的努力成果获得适当回馈与肯定。通过绩效评估，采购人员对企业的贡献将与业务人员和财务人员一样具有客观的衡量尺度，对其士气的提升很有帮助。

二、采购绩效评估小组的组成

评估人员的选择与评估的目标有着密切的联系，要选择最了解此项工作情况的人员和与评估目标实现联系最密切的部门参与评估。一般选择以下几类部门和人员参与评估：

1. 采购部门主管

采购部门主管是对所管辖的采购人员实施绩效评估的第一人，因为采购部门主管最熟悉采购人员的工作任务，而且所有采购工作任务的指派或工作绩效的优劣都在他们的直接监督之下，由采购部门主管负责评估，可以更全面、公正、客观地评价每个采购人员的工作绩效。但是，采购部门主管进行评估可能会包含一些个人感情因素，

使评估结果出现偏差，影响评估的客观性。

2. 财务部门

采购过程伴随着资金的流动，而且，企业采购金额占企业总支出的比例往往较高。在传统制造业中，采购成本一般占产品总成本的50%～70%。节约采购成本能对企业利润的提升做出相当大的贡献。财务部门掌握着企业产销成本的全部数据，因此能够从影响企业利润和企业资金周转等方面对采购部门的工作绩效进行评价。

3. 销售部门

当采购项目的品质和数量对企业最终产成品质量和销售影响重大时，应该由销售部门参与采购绩效的评估。

4. 生产主管部门或工程部门

对于设备、原材料和零配件等类采购品，其质量、数量、采购时间对企业生产的顺利进行和最终产品的品质都有影响。因此，生产主管部门或工程部门也能够从是否帮助生产和项目建设的顺利进行方面对采购部门的工作绩效进行评估。

5. 供应商

供应商是采购过程中与企业采购部门合作最多、最频繁的一方，对于采购部门的运作方式、工作状态自然有较为真实、详细的了解。因此，有的企业通过正式或非正式渠道，向供应商探寻其对于采购部门或人员的意见，以了解采购部门或人员的工作情况，间接地评价采购绩效。

6. 专家顾问

为了使评估结果更为客观、权威、公正，避免企业各部门之间的本位主义或门户之见，可以聘请相关的采购专家或管理顾问，对本企业的采购制度、组织形式、人员及工作绩效等作出客观的分析和建议。

采购绩效评估的对象包括整个采购部门和每个采购人员。对采购人员的绩效评估可以由采购部门主管来操作，也可以间接向供应商了解情况。对采购部门的绩效评估则可以由企业高层管理者组织相关部门及外部专家进行。

三、采购绩效评估标准

在采购绩效评估中，经常要决定采用何种标准与目前实际绩效比较。一般常见的标准有以下几种：

1. 历史绩效

将历史绩效作为当前采购绩效评估标准是可行、有效的。但是只有在企业采购部门的组织、职责和人员等均没有重大变动的情况下，才适合采用此项标准。

2. 预算或标准绩效

如果难以达到历史绩效或采购业务变化比较大，可以将预算或标准绩效作为采购绩效评估标准。标准绩效的设定要符合以下三项原则：

（1）固定性

标准绩效一旦设定，就不能再有所变动。

（2）挑战性

标准绩效的实现要具有一定的难度，采购部门和人员必须经过努力才能完成。

（3）可实现性

标准绩效应设定为在现有内外环境和条件下，经过努力确实可以达到的水平，通常依据当前的绩效加以衡量设定。

3. 同业绩效

如果其他同行业企业在采购组织、职责和人员等方面与本企业相似，则可与其绩效进行比较，以辨别彼此在采购工作水平上的优劣，并参照设定本企业采购绩效评估标准。设定标准时，既可以参照特定企业的绩效水平，也可以参照整个行业绩效的平均水准。

4. 目标绩效

预算或标准绩效是在现在的情况下可以达成的工作绩效，而目标绩效则是在现在的情况下，除非经过一番特别的努力，否则无法完成的较高水平的工作绩效。目标绩效代表企业管理人员对采购人员追求最佳绩效的期望值。

四、采购绩效评估方式和方法

1. 采购绩效评估方式

采购绩效评估方式可分为定期评估和不定期评估。

（1）定期评估

定期评估主要是与企业年度人事考核同步进行的对采购人员工作情况的评估。一

般而言，它以采购人员的工作表现为考核内容，包括工作态度、合作精神、工作学习能力、忠诚度、积极性等，但对采购人员的激励及工作绩效的提升并无太大作用。如果能以目标管理的方式，即从各种工作绩效指标当中选择当年重要性比较高的项目作为目标，年终按实际达成程度加以考核，则必能提升个人或部门的采购绩效。使用这种方法可以摒除“人”的抽象因素，以“事”的具体成绩为考核重点，因此比较客观公正。但使用这种方法时，人们会特意追求考核目标的提高而忽略其他方面，因此对目标选择的要求比较高，要求考核目标十分全面。

（2）不定期评估

不定期评估是指跟踪特定的采购项目，由项目执行人自己根据具体情况的变化而随时进行的评估。一项采购任务完成以后，采购人员本身就要对该项采购任务的完成情况有一个总结和评估。同时，不定期的绩效评估还可以特定的项目方式进行。例如，企业要求某项产品的采购成本降低8%，当设定的期限一到，即以实际结果为依据给予采购人员适当的奖惩。这种评估方式特别适用于新产品开发计划、资本支出预算、成本降低专项方案等。

2. 采购绩效评估方法

采购绩效评估方法直接影响评估计划的成效和评估结果的正确性。常用的评估方法有以下几种：

（1）排序法

在排序法中，主管按绩效表现从好到差的顺序依次给员工排序。这种绩效表现既可以是整体绩效，也可以是某项特定工作的绩效。

（2）两两比较法

两两比较法是指在某一绩效标准的基础之上，把每一个员工都与其他员工相比较，以判断谁“更好”，然后，记录每一个员工和任何其他员工比较时被认为“更好”的次数，根据次数的高低给员工排序。

（3）等级分配法

等级分配法能够克服上述两种方法的弊端。这种方法由评估小组或主管先拟定有关的评估项目，按评估项目对员工的绩效作出粗略的排序。

五、采购绩效评估指标体系

1. 采购绩效评估指标体系的设定

采购绩效评估中非常重要的一点是正确设定采购绩效评估指标体系。

(1) 采购绩效评估指标体系

采购绩效评估指标体系的设定是采购绩效评估的重要内容。它包括三个方面的内容：一是要选择合适的具体指标，二是要充分考虑绩效指标的目标值，三是确定绩效指标要符合有关的原则。

(2) 采购绩效评估指标体系设定的原则

设定采购绩效评估指标体系要满足企业内部的要求，即满足生产、品质管理等部门的需要。原则上，供应商的供货平均质量、交货时间等综合表现应该高于本企业内部质量与生产计划要求，只有这样，供应商才不至于影响本企业的生产进度与产品质量。同时，所设定的目标及绩效指标要同企业的大目标一致。具体设定目标时既要实事求是、客观可行，又要具有一定的挑战性。

因此，采购绩效评估指标的确定是一项具有挑战性的工作。它是评估采购工作成果的尺度和标准，是准确、客观、全面、科学地进行采购绩效评估的前提和基础。而一项评价指标往往只能从某个侧面反映采购绩效的某个特征。因此，要想全面、综合、准确地考察和评估采购部门在一定时期内的采购工作绩效，就必须把一系列相互联系、互为因果的指标进行系统组合，形成相应的评估指标体系。

2. 采购绩效评估指标体系的内容

采购人员的工作必须以适时、适量、适质、适价及适地等为目标。因此，采购绩效评估也应以此"五适"为中心，并以数量化的指标作为衡量采购绩效的尺度，建立起采购绩效评估指标体系。如图 6—1 所示。

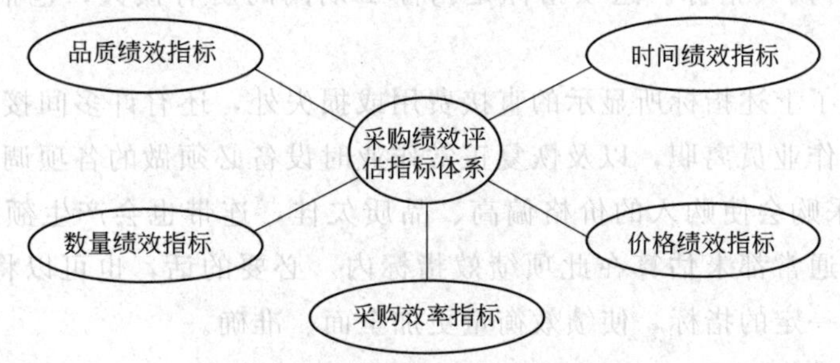

图 6—1 采购绩效评估指标体系

(1) 品质绩效指标

采购品质绩效可用验收记录及生产记录来判断。前者是指供应商交货时，为企业所接受（或拒收）的采购项目数量或百分比；后者则是交货后，在生产过程中发现品质不合格的项目数量或百分比。相关验收指标的计算公式分别是：

进料验收指标=合格(或拒收)数量/检验数量

在制品验收指标=可用(或拒用)数量/使用数量

若进料品质管制采用抽样检验的方式，则在制品品质管制发现品质不良的比率，将比进料品质管制采用全数检验方式下的要高。拒收或拒用比率越高，说明采购人员的品质绩效越差，因为未能找到理想的供应商。

(2) 数量绩效指标

有时采购人员会争取数量折扣以达到降低价格的目的，但这样却可能导致存货过多，甚至发生呆料、废料的情况。因此，数量绩效指标包括以下两项：

1) 费用指标。这项指标是指现有存货占用资金利息及保管费用与正常存货水准占用资金利息及保管费用的差额。

2) 呆料、废料处理损失指标。这项指标是指处理呆料、废料的收入与其取得成本的差额。

存货积压占用资金利息及保管费用越大，呆料、废料处理的损失越高，显示采购人员的数量绩效越差。但此项数量绩效有时受到企业经营状况、物料管理绩效、生产技术变更或投机采购的影响，故并不一定完全归咎于采购人员。

(3) 时间绩效指标

这项指标用以衡量采购人员处理订单的效率及对供应商交货时间的控制能力。延迟交货固然可能导致缺货，但是提前交货也可能导致买方负担不必要的存货成本或提前付款的利息费用。时间绩效指标主要包括以下几项：

1) 紧急采购费用指标。这项指标是指紧急运输方式（如空运）的费用与正常运输方式的费用的差额。

2) 停工断料损失指标。这项指标是指停工期间的所有损失，包括作业人员薪资损失。

事实上，除了上述指标所显示的直接费用或损失外，还有许多间接的损失。例如，顾客订单流失、作业员离职，以及恢复正常作业时设备必须做的各项调整（包括温度、压力等）。紧急采购会使购入的价格偏高、品质欠佳，连带也会产生额外的加班费用。这些费用与损失通常都未估算在此项绩效指标内。必要的话，也可以将这些间接的费用和损失量化为一定的指标，使绩效衡量更加全面、准确。

(4) 价格绩效指标

价格绩效是企业最重视及最常见的评估指标。通过价格绩效，企业可以衡量采购人员议价的能力和供需双方势力的消长情况。

价格绩效指标包括参考性指标和控制性指标。参考性指标主要有年采购额、各采购人员年采购额、供应商年平均采购额、各采购品年度采购基价、数年平均采购基价等。这些指标一般是计算采购相关指标的基础，也是计算采购规模、了解采购人员及供应商工作负荷的参考依据，还是进行采购过程控制的依据和出发点。控制性指标是反映采购改进过程及其成果的指标，包括平均付款周期、采购降价幅度、本地化采购率等。主要的价格绩效指标有以下几项：

1）年采购额。年采购额分为生产性物料与零部件采购总额、非生产性物料与零部件采购总额、物料采购总额占产品总成本的比例等。也可以按采购付款的币种分为人民币采购额及其比例、不同外币采购额及其比例。此外，年采购额指标还可以分解到各采购人员及供应商，计算出每个采购人员的年采购额、各供应商年采购额、供应商年平均采购额等。

2）采购价格。采购价格包括各种物料的年度基价、所有物料的年平均采购基价、各物料的目标价格、所有物料的年平均目标价格、各物料的降价幅度及平均降价幅度、降价总金额、各供应商的降价幅度、实际价格与标准价格的差额、实际价格与过去平均价格的差额、使用时价格与采购价格的差额、本地化采购率、与伙伴企业联合采购额及比例、联合采购的降价幅度等。

3）付款方式。付款方式包括平均付款周期、目标付款期等。

（5）采购效率指标

衡量在达成采购目标的过程中各项采购活动水准或效率的指标有采购金额、采购金额占销售收入百分比、采购单件数、采购人员人数、采购部门费用、新供应商开发个数、采购完成率、错误采购次数、订单处理时间等。

其中，新供应商开发个数指标的意义在于使供应来源充裕，对单一来源的物料，通常要求采购人员必须在一定期限内扩增供应商数量。该指标也可以用单一来源物料占所有 ABC 分类法中的 A 类物料的比例来衡量。

采购完成率指标可衡量采购人员努力的程度，其计算公式为：

采购完成率＝本月累计完成件数÷本月累计请购件数×100％

在计算采购完成件数时，有的以采购人员签发采购单为准，有的则以供应商交货验收完成为准。不过，采购人员若为提高完成率而使议价流于形式，则将得不偿失。因此，如果不会造成停工断料，完成率也可以稍低一些。

错误采购次数是指未依有关的请购或采购作业程序处理的采购业务，如错误的请购单位、没有预算的资本支出请购、未经请购部门主管核准的采购业务、未经采购部门主管核准的采购业务等。这些错误次数应要求降至零。

订单处理时间指标是指企业采购人员处理采购订单所需要的平均时间，它是用来衡量采购人员工作效率的指标。

通过采购效率指标，企业可以衡量采购活动水准是上升还是或下降，进而了解采购人员工作的压力与能力，这对于改善或调整采购部门的组织与人员将有很大的参考价值。

【案例阅读】

Y 公司在实践中建立起一套较为完善的采购绩效评估体系，保证了企业整体经营

目标的实现，保持了企业较强的增长势头。

对主要原材料及辅料价格，Y公司根据通过分析成本倒推的价格、上年实际采购平均价格和上年最后一个月的平均价格进行确定。例如，某种物资某年平均采购价格为每吨248万元，当年12月平均价格为238万元，而生产该种产品的成本倒推最高限价不能突破250万元。经分析，为确保该种产品的销售目标，公司确定下期最高采购价为240万元。

对于采购部门，Y公司采取年度承包、分月考核、年终统算的方式，规定如果完成年度承包目标，负责人年收入为公司职工收入的2～5倍，部门人员的奖金收入为一线生产人员的2倍。年度考核的主要指标是，对主要原材料及辅料按每月规定的最高控制价格，以节约额的一定比例提奖，采购质量作为否决项。例如，公司采购处某年采购成本下降了9.5%，大大超过了下降2%的承包目标，但由于在采购质量上出现过三次不合格，反而被扣减了40%的奖金。对于在备品备件采购和设备招标方面为公司节约资金，取得明显经济效益的，给予单项奖励，但必须是在经审计确认之后。对承包修理费用目标，按节约额的4%给予奖励。对于及时了解市场价格信息，向公司建议后带来明显经济效益的，给予单项奖励。对采购环节的验收、检验、入库等，各部门按各自在“购销比价”体系中的职责考核，对非法收受回扣损公肥私的、高价采购物资的、泄露采购物资控制价格机密的，给予通报批评、调离岗位、罚款、记过、除名等处分。

Y公司制定的采购部门年度考核目标方案如下：

1. 责任目标

(1) 采购费用比上年下降2%，采购价格控制在公司下达的最高限价之内。

(2) 无由于采购原因导致的生产事故发生。

(3) 部门全年费用（办公费、通信费、差旅费）7万元。

2. 年度考核

对责任目标实行全年统一考核。采购费用下降2%，负责人年总收入以公司职工平均收入的2～5倍计算。因管理不善，造成在采购质量、价格、供货时间等方面出现重大问题的，除否决奖励外，随时解聘职务。

3. 月度考核

(1) 采购平均价格低于公司定价部分，按节约额的3%比例给予奖励，高出部分按同比例扣罚。

(2) 原材料及辅料的采购质量不合格，每次每项扣除奖金总额的5%，严重的可扣除全部奖金。

(3) 采购物资路耗超出定额部分，承担全部损失。

(4) 费用定额每月0.58万元，节约部分按20%比例给予奖励，超出部分全额扣除。

4. 工作要求

(1) 按计划采购，满足生产需要，确保采购质量。

(2) 必须用比价管理办法进行原材料及辅料采购。

(3) 按 ISO 9002 质量体系要求，在合格分承包方处采购物资，开辟新供应点要按合格分承包方评审程序进行。

六、采购绩效的改进

有些先进的企业会请具有丰富经营知识和经营经验的专家，深入到经营现场和采购人员密切配合，运用科学方法，根据一定指标体系，对采购绩效作出定量评价或确有论据的定性分析，以便企业对采购活动进行改进。但是，提升企业的采购绩效是一项复杂的工作，在理论和实践中都没有一套完全成熟的体系和方法。以下简单介绍几项改善采购绩效的措施。

1. 营造改进采购绩效的工作氛围

如果采购组织内部存在严重的矛盾，采购人员与供应商之间互相不信任，缺乏合作诚意，采购人员的感觉首先是“如履薄冰，处处小心行事”，本来全部精力应放在“刀刃”上，但事实上却分散了注意力。

因此，对任何采购组织而言，融洽、和谐的工作气氛是搞好各项工作的基础。采购组织的管理部门应定期统计采购人员和供应商的业绩，并进行排名，再配以相应的奖惩措施，使采购业务不断改善。

2. 使用标杆管理法

标杆管理又叫基准化管理，它的核心是比较和以提高为目的的学习，以外部绩效高的企业为标准，比较和分析这些企业的标准及其实践经验，来改善自己的工作，使自己慢慢接近甚至超过该标准。对采购工作而言，就是将标杆管理作为改进采购工作绩效的工具，通过资料收集、分析比较、跟踪学习、机制改造等一系列过程，将企业的实际情况与目标企业的指标进行量化的比较，分析这些目标企业达到最优绩效的途径和原因，明确本企业在行业中所处的地位，并在此基础上改进自己的采购策略，从而有效地促进采购绩效的提高。标杆管理法包括以下 5 个基本步骤：

(1) 选择采用标杆管理的领域

在采购中，几乎所有能被评估的活动都可以使用标杆管理法，如完成交货情况、退货情况、生产中断情况等。

(2) 选择基准点

这个步骤解决的问题是应该以谁为标杆。标杆的对象可以是多种多样的，可以将企业内部绩效高的部门作为标杆，也可以将竞争对手作为标杆，或以某个行业的领先者或有着类似成长经历的优秀企业为标杆。

(3) 获得信息

大部分有用的信息都可以从公开渠道获得，如管理商贸类杂志和出版物中有大量相关信息。此外，一些成功的经理人或行业协会也很乐意与他人分享信息。如果竞争对手对标杆管理法感兴趣则更好，信息交流对双方都有好处。

(4) 分析数据

标杆管理法并不是为了信息本身而关注信息的，因此不仅要收集所需要的信息，还要充分地对信息进行分析比较。同时，通过分析，要了解标杆企业是采用怎样的方法达到这一绩效水平的，包括工作过程、信息系统支持、培训、企业文化、经营模式等方面的内容，从而可以为企业找到改进的方向和方法。

(5) 实施管理

根据分析结果，企业应该学习标杆对象好的做法，制定出自己的绩效标准，并设计出适当的方法来达到这些标准。

实施标杆管理方法是一个循序渐进的过程，需要付出长期的努力，无论是本企业还是标杆企业的发展信息都是动态的，因而不能忽视一项重要的后续工作，即检查和审视改造的过程，并不断调整标杆管理的目标，使目标切实可行又不乏挑战，这样才能符合本企业提升绩效的实际需求。

3. 控制采购成本

如何保持价格的竞争力而不损害企业自身的利益是每个企业都要考虑的问题，方法之一就是降低所采购物料的成本。当然，随着竞争的加剧，单纯降低采购物料价格所得到的效果已经越来越不明显，因此，许多企业都开始从不同方面寻找降低成本的方法，或者从企业内部着手挖掘，或者搭建有竞争力的供应链，这些方法都力求通过信息快速传递、减少和优化相关环节等途径降低成本。

【案例阅读】

在日产汽车的发展历程中，跨部门、跨企业采购组织的应用对日产汽车大幅度降低成本具有重要贡献。在实施“日产复兴计划”的 3 年间，采购部门、研发部门和零部件供应商三位一体，开展“3—3—3 推进活动”，在亚洲、美国、欧洲三大地区的生产基地大力开展降低成本活动，目标是降低成本 6 000 亿日元。为全面协调该项活动，日产汽车还专门成立了负责该项活动的“3—3—3 推进室”。“3—3—3 推进室”的职责是从技术、采购等公司内部相关部门和零部件厂商处收集信息。研究降低综合采购成本方案的人员由280名来自全公司的技术和管理人员组成，包括产品设计、试制、生产工艺和采购等各类专业人员，并按电子、内饰等系统分为6大商品群。技术人员与采购人员的办公桌并排在一起，这种现象在全球汽车厂商中十分罕见，它改变了日产技术中心多年来轻视成本控制的新车研发作风。

4. 进行协同采购

进行协同采购需要强调企业内部协同和企业外部协同。

(1) 企业内部协同

高效的采购行为需要企业内部各部门的协同合作。协同的内容包括正确的物料、合适的数量、正确的交付信息（交付的时间和地点）、合适的货源和价格，这需要销售部门、生产部门、设计部门、采购部门的配合。

为实现物料数据的一致性协同，各部门需要及时维护相关数据，如物料单数据、供应商数据、采购价格数据等。该项基础工作将保证企业能够长期动态地保持业务流程的稳定性。

(2) 企业外部协同

企业外部协同是指在企业和供应商共享库存和需求等方面信息的基础上，企业根据供应链的供应情况实时在线调整自己的计划和执行交付的过程。同时，供应商根据企业实时的库存、计划等信息实时调整自己的计划，可以在不牺牲服务水平的基础上降低库存。

在整个供应链的供应网络中，有很多不能够精确确定的因素，如采购提前期、供应商的生产能力等。如果企业不能够及时了解这些情况，会影响整个供应链的供需关系，导致不能够按时满足客户的需求。实时协同使得双方能够实时沟通，快速地发现和解决问题。

互联网出现前，人们也认识到了协同合作的重要性，但是没有有效的工具帮助企业实时进行信息共享和协同。现在，企业可以充分利用基于互联网的管理软件进行采购的协同，其中包括：

1) 预测协同。企业把对最终产品的中长期预测以及期望的客户和服务水平等信息传递给相关供应链上的供应商，供应商根据自己的能力将自己所能做的承诺反馈给企业，使企业采购部门能够对供应商有非常清晰的了解。

2) 库存信息协同。企业将自己部分物料的库存情况和供应商共享，使供应商对企业库存有很好的了解，从而提高交货的准确性和速度。

3) 采购计划协同。企业将自己近期的采购计划定期传递给供应商，供应商可以根据该采购计划安排生产计划和备货，从而提高了交货的速度。

4) 采购订单执行协同。企业通过互联网将采购订单发送给供应商，供应商将采购

订单的执行情况及时反馈给企业，使企业对采购订单的执行情况有明确的了解，能够及时作出调整。

5）产品设计协同。客户或企业内部研发部门设计新产品时，将新产品需要的零部件及时与供应商共享，使供应商可以在第一时间进行相应零部件的开发。

思考练习题

1. 采购合同控制主要包括哪些内容？

2. 简述采购控制的方法。

3. 物流环节的采购品质量控制有哪些内容？

4. 采购绩效评估指标体系包括哪些内容？

5. 提高采购绩效的途径有哪些？

6. 某公司新投资一家面包生产厂，欲采购烤面包机、面粉、白砂糖、食用色素，对这些采购品应该采取什么样的检验方法？

第七章　现代科学采购方式

第一节　电子化采购

网络技术的飞速发展和市场竞争的日益激烈对企业的采购方式产生了深刻的影响，电子化采购已成为一种新的采购趋势。电子化采购（E-procurement）即使用因特网、电子数据交换或电子文件传输来进行的企业间采购方式。电子化采购与传统采购相比，在采购要求的提出、订单的产生、货物运输和存货管理等方面都有了重大的改变。网络使采购流程得到优化，并在降低成本、提高效率、增加透明度等方面使采购企业和供应商双方受益，实现双赢。

【案例阅读】

海尔集团是世界著名白色家电企业，在全球建立了29个制造基地、8个综合研发中心、19个海外贸易公司。2017年，海尔进入世界品牌50强。

海尔集团的发展成就是和海尔集团高度重视、运用、推广、发展信息化分不开的。现代化采购是海尔集团信息化工作的重要环节。在这一过程中，海尔集团选择了SAP公司的ERP系统和BBP系统，即原料网上采购系统。

在成功实施ERP系统的基础上，海尔集团又建立了SRM（招标、供应商关系管理）、B2B（订单互动、库存协调）、B2C、扫描（收发货、投入产出、仓库管理、电子标签）、定价支持（定价方案的审批）、模具生命周期管理、新品网上流转（新品开发各个环节的控制）等信息系统，并使之与ERP系统连接起来，使用户的信息可同步转化为企业内部的信息，从而实现以信息替代库存，做到零资金占用。

一、电子化采购的发展

电子化采购最先兴起于美国，它的最初形式是一对一的电子数据交换系统，即

EDI（Electronic Data Interchange，即电子数据交换），该系统大幅度地提高了采购效率，但早期的解决方式价格昂贵、耗费庞大，且由于封闭性，仅能为一家买家服务，令中小供应商和买家望而却步。为此，联合国制定了商业 EDI 标准，但在具体实施过程中，该标准在行业内及行业间的协调工作举步维艰，因此，真正商业伙伴间的 EDI 并未广泛开展。20 世纪 90 年代中期，电子化采购目录开始兴起，供应商将其产品上网，提高信息透明度和市场涵盖面。近年来，全方位综合电子采购平台出现，且通过广泛连接买卖双方来进行电子化采购服务。

电子化采购是一种基于 Web 的在互联网上创建专业供应商网络的方式。它能够使企业通过网络寻找合格的供应商和商品，随时了解市场行情和库存情况，编制销售计划，在线采购所需的商品，并对采购订单和采购的商品进行在途管理、台账管理和库存管理，实现采购的自动统计分析。电子化采购不仅方便、快捷，而且交易成本低，信息公开透明，是一种很有发展前途的采购方式。

实现电子化采购的方式有使用 EDI 的电子化采购和使用互联网的电子化采购。电子化采购门户站点对购买简单商品最为有效，它可以让供应商创建和维护其产品的在线目录，其他企业可以从这些目录中搜索商品、下订单并当场确定付款和装运方式。在购买那些必须定制的商品时，常常需要人力判断和人与人之间的协商。首先，要整理叫作 RFP（Request for Proposal，即建议请求）的信息包，其中包括某一商品的技术规格和供应要求。其次，必须找到能够满足该请求的供应商。为了节省时间和资金，只需要与有资格的供应商联络，这样花费的精力最少。使这一过程自动化的一种方式就是使用 EDI 网络，它能够让供应商和买主交换采购信息。只要交纳少量事务处理费用，就能通过 EDI 网络提交信息包，并通过同一网络收到回复。

二、电子化采购的优势

1. 显著降低采购成本

在传统的采购方式中，一般性的工业企业采购成本往往占到企业生产总成本的 60%以上，从事采购工作的员工数量和日常支出也极为可观。因此，企业的采购成本对企业总成本有直接的影响，并进而影响企业产品的市场竞争力和企业的盈利水平。美国全国采购管理协会提出，使用电子化采购系统可以节省大量成本，采用传统方式每生成一份订单所需要的平均费用为 150 美元，使用电子化采购可以将这一费用降到 30 美元。

2. 有效提高采购效率

传统的采购方式下，企业采购的周期较长，主要有三个原因：

一是企业在采购过程中选择合适的物资及其供应商极其不易，如果要到企业实地考察，更要花费较长的时间。

二是企业采购是一项跨部门和组织的工作，每一个环节都有复杂的处理程序，要保证采购的物资按时到位，必须要求物资使用部门提前较长时间申报采购计划。而且由于各业务部门“各自为政”，导致采购信息在企业内部不能得到及时、顺畅的流转，从而影响采购效率的提高。

三是传统的采购活动是建立在大量书面文件的基础之上的，从生产部门采购需求的提出，到采购部门与供应商的各种联系，再到交货及资金的结算，整个过程产生了大量的纸质凭证，如领导的批示文件、合同、汇票、收货单等。这些单证的制作、填写、保存会消耗各部门员工大量的精力，常常会因某一单据的错误或遗漏而影响整个采购工作的进行。繁杂的采购文档和复杂的采购程序势必降低采购活动的效率。

电子化采购使得以前漫长而艰难的信息收集、认证、商务谈判、资金结算等工作流程大大简化，采购人员可在很短的时间内得到比以前更广泛、更全面、更准确的采购资料，而且电子化采购是无纸化交易，提高了传输和保管文件的效率和准确性，使采购工作的效率大大提高。

3. 优化采购管理

在传统的采购方式中，与外部供应商的沟通主要由采购部门负责，生产、研发部门很少有机会与供应商直接接触。如果采购人员缺乏经验或采购物资有较高技术要求，那么就可能经常会产生所采购物资与实际需要不符的情况，这样既造成资源浪费，又可能影响生产经营的正常进行。在消费者需求越来越多样化和个性化的今天，如果有过多的库存成品，就必然加大经营的风险。过高的原材料、零部件库存同样也会给企业增加经营负担，产生较高的存货成本，进而提高产成品的成本。电子化采购对加强、优化企业的采购管理具有重要意义，这可以从两方面来理解：一是便于对采购业务进行集中管理，二是提高企业存货管理水平。电子化采购可以逐渐使企业从高库存生产向低库存生产、微库存生产过渡，直至实现零库存生产。

4. 保证采购质量

能否保证采购质量是采购成功与否的关键因素。在传统的采购活动中，因为有人情、回扣等因素影响，并且采购的范围相对较小，只能“货比三家”，因此采购中出现质量问题是极为常见的，企业采购到的往往是“价不廉、物不美”的商品。电子化采购中，企业可以在很大范围内选择供应商，可以做到“货比百家”“货比千家”，从而找到质量和价格最为理想的合作伙伴。如对对方的供货信息有疑问，还可进行实地考

察，防止质量事故的发生。对原来通过中间商采购的企业来说，可以直接通过网络与生产商联系，防止假货问题的困扰。例如，一家经营名烟、名酒的经销商，过去因为生产企业远在千里之外，无法与其直接沟通，只能从中间商那里进货，很难断定中间商销售的商品是真是假。如果通过电子化采购，经销商只要直接登录生产企业的网站，选择所需要的商品品种，再在网上支付一定数量的订金，当生产企业确认订单后，即可为经销商安排货源，通过物流配送部门或设在经销商当地的分支机构送货上门，使经销商采购到正宗的商品，并且价格更为合理。电子化采购的不断普及，对保证采购品质量，打击假冒伪劣产品能起到很好的促进作用。

5. 提高交易透明度

在传统的采购活动中，交易透明度常常因为采购信息的不充分而受到影响，有的交易是由人为原因造成的“黑箱操作”，不仅给企业造成损失，也使不少人犯了错误。电子化采购可以提高采购活动的透明度，对减少“黑箱操作”起到重要的作用。

三、电子化采购的类型

按照管理者和参与者的角色不同，电子化采购可以分为以下三种类型：

第一种是产业的领导企业通过因特网连接供应商，在线采购原料，借此节省成本、文书作业与处理时间。这种类型适合实力雄厚，有足够能力整合供应商的行业领导者。

第二种是由第三方主持的独立在线交易市集，也称为电子市场（Electronic Market）。这些独立的第三方负责把买方与卖方集合起来，让双方在网络上接触。采购者借此可以接触到很多供应商。这种方式适合于产业集中程度低、企业数量庞大而零散，缺乏主导力量的采购者。

第三种是产业的领导企业联合起来成立的在线交易市集，也称为产业平台（Industry Platform）。建立产业平台是电子化采购方式的又一大创新。一个个产业平台就是一个个网站，将拥有相同产品种类、不同供应商的产品目录在线整合在一起。例如，通用汽车、福特汽车、戴姆勒-克莱斯勒汽车和丰田汽车就曾经成立了一个这样的平台，进行联合在线采购。这几家公司每年总计花费在原材料和零部件上的采购金额超过 3 000 亿美元，通过合作，它们可以增强自身的采购能力，从供应商处得到价格折扣，并减少约 10%的支出。

四、电子化采购的流程

企业的电子化采购一般是通过应用相关的软件来实现的，不同的软件提供了不同的解决方案。这些解决方案各有其特点，但基本都包括填写订单、审核订单、联系供应商、选择供应商和采购结算几个环节。其具体流程是：

采购部门或采购申请部门的员工通过软件提出要求并填写订单；管理软件自动审核订单，当订单要求超过限额或遇到一些特殊情况时，由主管进行审核；订单被批准后，企业通过网络联系供应商，供应商根据企业的采购要求，通过网络提供相应的商品或服务信息；企业根据供应商提供的各种资料信息进行比较，择优选定一家或数家供应商；双方通过软件进行采购货款的结算，借助银行的参与实现货款的支付转移。

在电子化采购的整个流程中，人工参与因素越来越少，信息的传递基本依赖网络进行，这保证了采购过程的公正、高效，对消除采购过程中的“黑箱操作”十分有效。

第二节　MRP 采购

传统的订货方法在处理制造过程中的供需矛盾方面有很大的盲目性，会造成大量的原材料及在制品库存。因为它是用于处理独立需求问题的，无法解决生产系统内发生的相关需求问题。

MRP 实质上是生产型企业用来制订物料需求计划、进行生产管理的一个应用软件。它不但可以制订出企业的物料投产计划，还可以用来制订外购件的采购计划，非常适合在加工、制造、装配企业中使用，配合使用计算机可以迅速制订出比较详细、复杂的生产计划和采购计划。

【案例阅读】

J 公司是一家从事各种对讲机、车载电台、中继台、短波电台、接收机等无线电通信设备及其零配件销售，以及各种无线通信工程施工与电子产品售后维修的企业。

由于该公司产品品种多、批量大，管理工作十分繁杂，管理人员经常加班仍不能满足企业的要求。生产部门每次制订生产计划都要人工计算生产用料单，花费大量的时间清查现有库存、计算缺料等。尽管如此，停工待料现象还是经常发生，也影响到了及时交货。

针对这种情况，该公司采用了 ERP/MRP 管理系统。此后，一个生产计划制订时间由原来的两天变为十几秒钟，自动生成的生产发料单又快又准，材料仓可在第一时间自动补充生产缺料，使得生产得以及时顺利进行，管理人员再不用为生产计划而忙得团团转，生产状况得到极大的改善。

同时，借助 MRP 管理，库存管理体系也得以建立。库存超储、积压处理等功能减少了库存的积压，有效控制了库存资金的占用。公司内多个库房准确的动态库存数据随时为生产计划提供有效的信息。销售、采购、客户、供应商、应收应付信息紧密地

联系在一起。入库单通过采购订单自动生成，采购物资入库后，入库信息即时反馈到采购部门和财务部门。发货单通过销售订单自动生成，产品发货后，发货信息即时反馈到销售部门和财务部门。这样就有效地改善了原来信息严重滞后的情况，大大减轻了财务人员的工作负担，提高了工作效率。

一、MRP 的原理

MRP（Material Requirement Planning）即物料需求计划，它是利用物料清单、库存数据和主生产计划计算物料需求的一套技术。其基本任务是，从最终产品的生产计划（独立需求）导出相关物料（原材料、零部件等）的需求量和需求时间（相关需求），根据物料的需求时间和生产（订货）周期来确定其开始生产（订货）的时间。

MRP 应用的目的之一是进行库存的控制和管理。按需求的类型不同，可以将库存问题分为独立需求库存和相关需求库存。独立需求库存是指将要被消费者消费或使用的制成品库存，相关需求库存是指将被用来制造最终产品的原材料或零部件的库存。MRP 的基本内容是编制生产计划和采购计划，它的依据是主生产进度计划（Master Production Schedule，缩写为 MPS）、主产品结构文件（Bill of Materials，缩写为 BOM）、库存文件，MRP 的逻辑原理如图 7—1 所示。

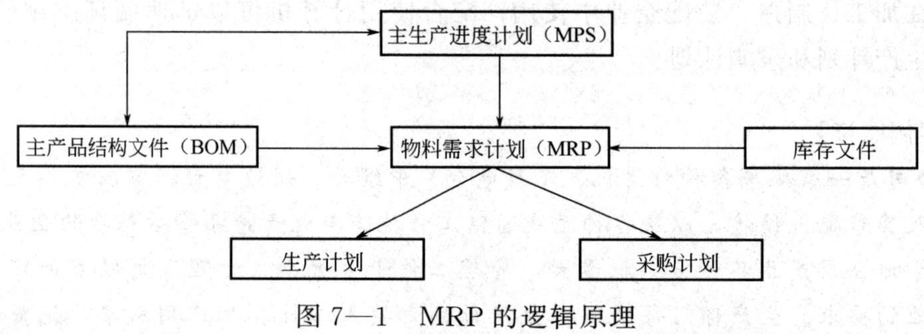

图 7—1 MRP 的逻辑原理

二、MRP 的构成

1. 主生产进度计划

主生产进度计划一般是主产品的一个产出时间进度表。主产品是企业生产的用以满足市场需要的最终产品，一般是整机或具有独立使用价值的零件、部件、配件等。

主生产进度计划来自企业的年度生产计划。年度生产计划覆盖的时间长度一般是一年，在 MRP 中用 52 周来表示。主生产进度计划不一定是一年，要根据具体的主产品生产时间来定，但是有一个基本原则，即主生产进度计划所覆盖的时间长度要不少于其组成零部件中最长的生产周期。否则，这样的主生产进度计划不能在 MRP 系统中运行，是无效的。

2. 主产品结构文件

主产品结构文件不仅仅是一个物料清单，它还提供了主产品的结构层次、所有各层零部件的品种数量和装配关系。它一般用一个自上而下的结构树表示。每一层都对应一定的级别，最上层是 0 级，即主产品级，0 级的下一层是 1 级，对应主产品的一级零部件，这样一级一级往下分解，一直分解到最末一级（n 级），一般是最初级的原材料或者外购零配件。每一层各个方框都表示三个参数：一是组成零部件名；二是组成零部件的数量，指构成相连上层单位产品所需要的本零部件的数量；三是相应的提前期，包括生产提前期和订货提前期。

例如，图 7—2 给出了主产品 A 的结构图。它由两个部件 B 和 1 个零件 C 装配而成，而部件 B 又由一个外购件 D 和一个零件 C 装配而成。

图 7—2 所画的结构树虽然没有错，而且可以直观地看出主产品的结构层次，但是根据这个结构树，同样的零件 C 在不同的层次上要分别计算一次，容易造成混乱和重复计算，给计算带来麻烦。所以为了计算的方便，常常把在几个层次上都有的同样零部件，都统一取其最低的层次号，画到它所在的最低层上，如图 7—3 所示。这也是绘制主产品结构图的小技巧。

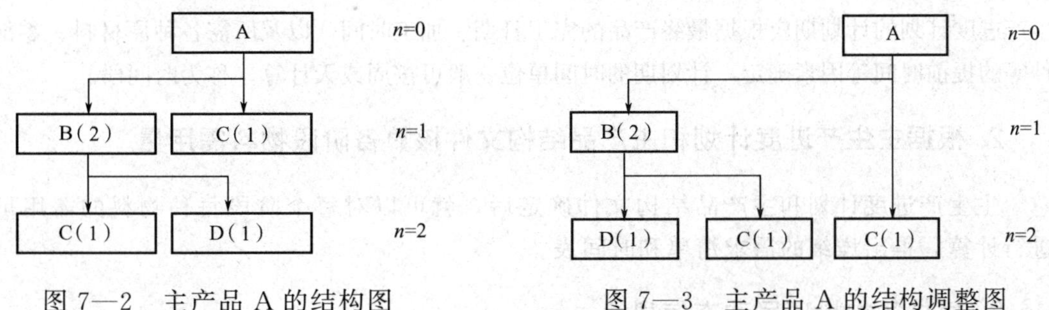

图 7—2 主产品 A 的结构图　　图 7—3 主产品 A 的结构调整图

3. 库存文件

库存文件也叫库存状态文件，它包含各个品种在系统运行前的期初库存量的静态资料，主要提供并记录 MRP 运行过程中实际库存量的动态变化过程。由于库存量的变化是与系统的需求量、到货量等各种资料变化相联系的，所以库存文件提供和记录的

各种物料的各种参数随时间而变化。这些参数有以下三项：

（1）库存量

库存量是指每周库存物资的数量，包括现有库存量和未来各周的计划库存量两种。在开始运行 MRP 之前，仓库中可能还有库存量，即现有库存量，也叫本期期初库存量。它在数值上表示为：

库存量＝本周周初库存量＋本周到货量－本周需求量 ＝上周周末库存量＋本周计划到货量－本周需求量

（2）计划到货量

计划到货量是指在本期 MRP 计划之前已经购进在途或者正在生产，预计要在本次 MRP 计划期的某个时间到达的物资数量。

（3）总需求量

总需求量是指主产品及其零部件在每一周的需求量。其中主产品的总需求量与主生产进度计划一致，而主产品零部件的总需求量根据主生产进度计划和主产品的结构文件推算而得出。MRP 输入完毕后，MRP 系统会自动计算出各周的库存量、净需求量、计划接受订货量和计划发出订货量，形成库存文件。

三、MRP 计划编制程序

1. 编制主生产进度计划

在生产总体计划的基础上，根据已接受的顾客订单和销售预测，确定在一定计划期间需要生产的最终产品（即独立需求的产品）的数量和完成日期，即编制主生产进度计划。主生产进度计划的计划期应根据最终产品的完工日期、加工时间，以及所需各种原材料、零部件等的提前时间等因素确定。计划期的时间单位一般可按周或天计算，称为时间段。

2. 根据主生产进度计划和主产品结构文件核算各阶段物料需用量

主生产进度计划和主产品结构文件确定后，就可以对每个阶段每种物料的需用量进行计算，得出详细的需求清单和时间表。

3. 建立各物料项目动态信息

每种最终产品及其所需各种物料项目应分别设立卡片，记录和提供它们每时段（天或周）的补充订货、收入、发出和结存数量的动态信息。

4. 确定采购和加工装配的提前期

外购原材料和零部件的提前期是指从发生订单到收到物料并能投入生产使用的时

间，企业自制零部件的提前期是指从发出生产计划单到该物料送到生产线投入生产使用的时间。根据物料清单只能获得物料需用量信息，而什么时候需要则取决于主生产进度计划及提前期。

5. 编制 MRP 计划表

根据物料毛需用量、期初库存量、提前期等信息编制各阶段的 MRP 计划表，并在 MRP 计划表基础上生成明细采购计划和明细加工计划，由企业生产、物流、销售等部门协作完成 MRP 计划。

第三节　供应链采购

随着经济的发展，市场竞争更加激烈，社会分工更加细致，任何企业都很难单独有效地完成与企业核心产品相关的所有业务。因此，企业必须依靠与上、下游企业的协同合作，才能拥有有效资源，在竞争中取胜，这必然使企业在管理内部事务、关注内部价值链的同时，更加注重外部关系。供应链就是价值链理论从企业内部延伸到企业外部的产物。

一、供应链及供应链采购

1. 供应链及其组成

供应链是一个功能网链结构，它围绕核心企业，通过对信息流、物流、资金流的控制，从采购原材料开始，到制成中间产品及最终产品，最后由销售网络把产品送到消费者手中，将供应商、制造商、分销商、零售商直到最终用户联结成一个整体。它是在多个存在关联交易的企业基础上形成的范围更广的虚拟企业结构模式。供应链不仅是一条联结从供应商到用户的物流链、信息链、资金链，还是一条增值链。物料在供应链上因加工、包装、运输等过程而发生增值，从而给关联企业带来收益。

根据供应链的概念，从其组成来看，参与供应链的基本实体主要有供应商以及上游供应商、制造商、配送中心或分销商、零售商、用户等。在供应链系统的实际运行中，必有一家企业处于核心地位。该核心企业起着对供应链上的信息流、资金流和物流进行调度和协调的作用。从这个角度出发，供应链系统的结构可以具体地表示为图 7—4。

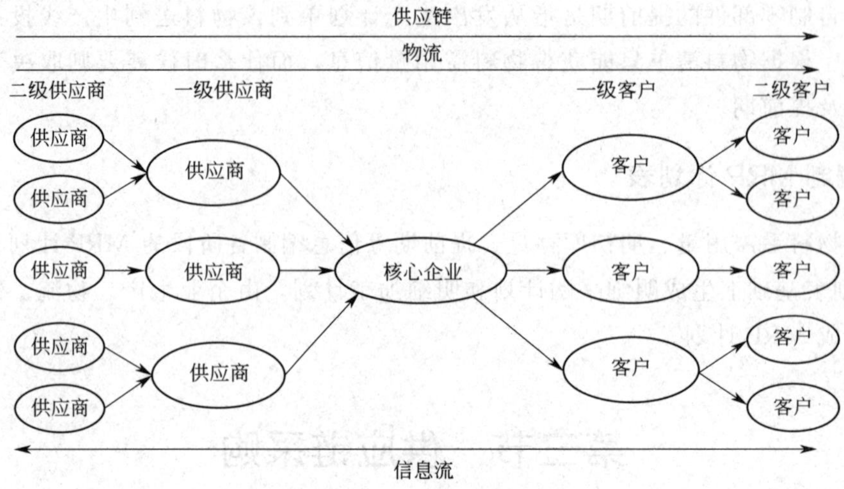

图 7—4 供应链系统的结构

2. 供应链采购

供应链采购是指在供应链机制下成员企业之间的采购模式。在供应链机制下，采购者把自己的需求规律信息（如库存信息等）及时地传递给供应商，供应商根据产品的消耗情况及时地补充小批量库存，保证既能满足消费者需求，又能使库存最低。

在具体的采购过程中，采购部门负责对整个采购过程进行组织、控制、协调，它是企业与供应商联系的纽带；生产和技术部门通过企业内部的管理信息系统，根据订单编制生产计划和物料需求计划；供应商通过信息交流，处理来自企业的信息。企业预测模型的要点是以信息交流来降低库存，以降低库存来推动管理优化，畅通的信息流是实现这个模型的必要条件。因此，供应链采购过程中非常注重对信息的处理。

二、供应链采购的特点

从采购性质上看，供应链采购是一种基于需求的采购，是一种供应商主动型、合作型采购，它是基于采购者与供应商友好合作的关系而进行的。在供应链采购过程中实现了企业之间信息的互联和共享。供应链采购是由供应商管理库存，负责连续小批量多频次送货。在供应链采购活动中，双方是一种战略联盟式的合作关系。供应链采购在货检方面是在事中进行的。

三、供应链采购与传统采购模式的对比

供应链采购与传统采购模式相比，物料供需关系没变，采购的概念没变。但是在供应链采购模式下，采购目的与性质、采购管理控制以及采购者与供应商的关系都发生了很大变化。其对比见表 7—1。

表 7—1　　传统采购模式与供应链采购模式对比

对比项	传统采购模式	供应链采购模式
采购目的与性质	补充库存，采购过程被动	基于订单需求，采购过程主动
采购管理控制	与供应商缺乏合作，事后控制	及时响应需求，事前和事后控制
采购者与供应商的关系	一般买卖关系	战略协作伙伴关系

正因为与传统采购相比，供应链采购可以从全局和战略角度出发统筹供需双方的协作，所以解决了很多传统采购无法解决的问题。

1. 解决库存问题

在传统采购模式下，供应链的各级企业都无法共享库存信息，因此，各节点企业都独立地采用订货点技术进行库存决策，不可避免地产生需求信息的失真现象，使供应链的整体效率得不到充分的提高。但在供应链采购模式下，通过双方的合作关系，供应与需求双方可以共享库存数据，使采购的决策过程透明化，减少了需求信息的失真现象。

2. 解决风险问题

传统采购模式由需求方自己承担风险。而在供应链采购模式下，供需双方通过建立战略性合作关系，可以降低不可预测的需求变化带来的风险，如运输风险、信用风险、产品质量风险等。

3. 解决沟通效率问题

合作伙伴关系可以为双方共同解决问题提供便利的条件，双方可以为制订战略性采购供应计划而共同协商，不必再为日常琐事消耗时间与精力。

4. 解决采购成本问题

通过建立合作伙伴关系，供需双方都可以降低交易成本。信息的共享避免了许多

不必要的手续和谈判过程，避免了信息不对称决策可能造成的成本损失。

四、供应链采购的实施

1. 供应链采购的目标

在供应链采购模式下，采购工作要以恰当的数量、时间、地点、价格和来源为目标。

恰当的数量是指实现经济批量采购，既不积压又不造成短缺；恰当的时间是指实现及时化采购，既不提前给库存带来压力，也不滞后影响生产；恰当的地点是指实现最佳的采购效率，尽可能节约采购成本；恰当的价格是指实现合理价格采购，价格既不过高造成浪费，又不过低影响质量；恰当的来源是指实现供需双方之间的合作协调，达到双赢。

2. 供应链采购的基本要求

从以上的分析可以看出，供应链采购是一种理想的采购方式。但是，实施供应链采购却不是一件容易的事情。可以说，供应链采购是对传统采购方式的一场革命，无论是在观念上还是在做法上，都发生了革命性的变化。供应链采购的基本要求有以下几点：

（1）为真实需求而采购

要实现供应链采购，就要下力气改变原有的为库存而采购的观念，转变为为需求而采购。采购回来的物资不是放到仓库里，而是放到消费点进行使用消费。这样采购回来的物资直接满足真实的需求，做到了为真实的需求而采购，最大限度地提高了采购的效率。此外，供应链采购还充分排除了生产、采购活动中造成浪费和低效率的根源，使各个环节趋于合理、高效。

（2）充分利用外部资源

供应链采购的实质是充分利用企业外部资源和供应商的作用来实现企业采购的工作过程。让供应商对自己的产品负责，对物资供应负责，企业可以实现无采购操作的采购。这就大大减少了烦琐、费力的采购实务工作，既降低了成本，又提高了效率，最终实现双赢。

（3）与供应商建立战略伙伴关系

与供应商建立友好合作关系需要做大量的工作，包括一些基础工作，如建立信息系统，实现信息互联互通，实现责任共担、利益共享等。要采取实际步骤，切切实实地实现双赢。

（4）从买方主动型向卖方主动型观念转变

实行供应链采购，需要转变采购观念。采购本身对供需双方都有利：买方获得物资，保证生产；卖方销售物资，获得利润。既然买方可以主动，卖方当然也完全可以主动，相比之下，卖方主动更富有效率和效益。因为它不但可以为买方节省采购费用，而且也为卖方自己调整生产计划取得主动，实现了最大的节约，真正实现了供需双方的双赢。

3. 供应链采购的实施步骤

（1）开展基础工作

1）开展信息系统建设。首先，要利用信息化手段，实现采购网络的互联互通。其次，要开发采购管理信息系统，建立企业电子商务网站，建设信息传输系统。此外，要进行标准化、信息化的采购基础建设，如 POS 系统、EDI 系统、ERP 系统等。

2）开展供应链系统基础建设。首先，要通过扎实稳妥的工作，逐步建立起供应链系统。这就要求供应链中的各企业努力加强业务联系，加强供应链企业间的沟通，逐渐形成供应链各企业的业务协调机制和紧密关系。其次，要逐渐建设责任共担、利益共享机制。最后，要促进各企业的内部建设，实现信息化、规范化、业务协调化，为建立一个完善的供应链做好准备。

（2）选择供应商

在实施采购战略之前要先对供应商进行选择，从影响供应商选择的关键因素出发，制定供应商选择的方案。在选择过程中，尤其是在对影响因素进行分析的时候，要结合采购者的自身条件及最关注的因素确定方案，再具体选择供应商。

（3）开展供应链采购基础建设

在供应链采购实施过程中，针对不同的需要，有很多种采购策略。要根据实际需要来选择采购策略，在选择之前要完善采购的体制机制建设，具体包括供应商管理库存、连续补货、数据共享机制、自动订货机制、准时化采购机制、付款机制、效益评估和利益分配机制、安全机制等。

（4）选择供应链采购方式

1）供应商管理库存。为了进一步加强供应链关系，实现资源优化配置，明确相互权利和责任，合理分配利润，可以实行供应商管理采购者库存。具体的采购过程是，由供应商根据市场预测、采购者的生产计划及生产能力等来决定什么时间给采购者供货，供应多少。这样不仅可以降低采购者库存，实现零库存操作，而且对于供应商来说，也可以合理地调整自己的库存量、生产量等，从而弱化供应链上的需求放大效应。

2）连续补货。采购者将自己的库存状况等通过信息共享提供给供应商，由供应商决定补货量及补货时间。供应商为了实现自己的利润最大化，最大程度地消除浪费，

可采用小批量多频次连续补货的供货方式，销售一点就补充一点。这样既满足需要，又使库存最小；既降低了成本，又提高了效益。

(5) 实施采购计划

把制订的采购计划落实到人，根据既定的进度实施。

(6) 采购评价及监控

运用各种评价指标对整个采购过程进行评价。

思考练习题

1. 电子化采购有哪些优势？
2. MRP 的原理是什么？
3. MRP 系统由哪几部分构成？
4. 供应链采购的特点是什么？
5. 传统采购与供应链采购的区别有哪些？